I0449129

Oretta Rossetti Stenta

Appunti di famiglia

*Ringrazio Martino, Maria Vittoria e Marco
per la preziosa e fattiva collaborazione.*

*Prima edizione, Trieste 2011
In copertina: "Valdisogno" - casa Rossetti,
già Villa Malepartus - Lussinpiccolo 1930*

Oretta Rossetti Stenta

Appunti di famiglia

È difficile raccontare qualcosa di nuovo ai nostri ragazzi. Sanno già tutto. A tre anni rispondono al cellulare; a cinque navigano su internet. Prima ancora di andare a scuola, hanno appreso dalla tv e dagli altri strumenti d'informazione com'è fatto e come funziona il mondo che li circonda. Ma ecco, del mondo che li ha preceduti sanno assai poco. Quasi nulla sanno dei genitori, dei nonni, bisnonni, di come si viveva nelle loro famiglie cinquanta, cento anni fa («Quando eri piccola tu, nonna, c'erano già le scuole?»).

Di una lunga vita ho dimenticato molto. Per fortuna quel po' di memoria che ho conservato mi restituisce ancora episodi, luoghi, visi del passato. E ora questi ricordi, anche se incompleti e discontinui, voglio dedicarli ai miei discendenti. Potrebbero trovarvi, un giorno, qualche interesse.

NONNI

Ho memoria soltanto del nonno materno, Guglielmo Mengarini. Morì che avevo sei anni. Ci aveva portato una volta in barca, a Senigallia. Doveva essere un'occasione speciale: il nonno non aveva molto tempo per i bambini, impegnato com'era con le innumerevoli cariche. Una fotografia lo ritrae nel suo studio, con due nipotine. Teneva in braccio la più piccola, con la testa ciondoloni, come un pupazzo. Un giorno, eravamo a Merano, Fiammetta ed io ricevemmo in regalo due bellissime ochette di legno che muovevano le ali. In casa nostra non usavano regali fuori Natale e compleanno. La mamma ci prese per mano e ci condusse da una signora di cui ricordo solo che era alta e aveva tante rughe. E ci lasciò lì. Semplicemente ci lasciò. Andava a Roma ad assistere il nonno, che morì poco dopo. Sole e tristi, guardavamo le belle ochette. Intuimmo vagamente a che prezzo le avevamo ricevute.

Questo nonno era stato un personaggio a cinque stelle. Fisico eccezionale, nuotatore, canottiere, alpinista. Ingegnere elettrotecnico, aveva ideato il primo impianto di trasmissione dell'energia, da Tivoli a Roma. Un avvenimento di grande portata, poiché fu il primo in Italia, forse in Europa. Senatore del Regno per meriti scientifici, docente all'Università, ambasciatore a Lima. La casa di piazza del Quirinale, da lui progettata, fu all'origine di una lunga e deleteria controversia con i principi Colonna ai quali la costruzione aveva tolto parte della vista. Fra cause e ricorsi il palazzo andò perso e fu uno dei primi rovesci della famiglia. Il senatore Mengarini è ricordato nelle enciclopedie e ha una strada intitolata a lui, a Roma.

Il nonno
Guglielmo Mengarini

9

A Senigallia con Ariele,
Oretta e Fiammetta

A 28 anni, già conosciuto docente di fisica, sposò una giovane vedova di Berlino. Ebrea, molto avvenente. Si chiamava Margherita Traube e veniva da una famiglia di scienziati e intellettuali. Aveva frequentato un anno l'università a Berlino. Protetta da un paravento, tanto era raro il suo caso di studentessa in un'aula di soli maschi. Si era sposata giovanissima con un professore tedesco, di nome Boll, ricercatore e scienziato, accademico dei Lincei. La coppia si stabilì in Italia, dove il marito, malato di tisi, morì poco dopo.

Per distrarsi, la vedova riprese le lezioni all'università di Roma, dove si laureò con lode, nel 1883. Frequentando

Il nonno a Roma
con Oretta e Fiammetta

un corso post-lauream, incontrò mio nonno: docente, scapolo, dotato di grande fascino e di temperamento collerico. Si raccontava che da bambino buttasse per terra le ciambelle, per poi gridare alla bambinaia di raccattarle e aggiustarle. Adulto, una volta scaraventò addosso a una malcapitata un piatto di uova che non erano cotte a dovere. Giusto due esempi per dare un'idea di quell'umore iroso di cui si trovano tracce qua e là fra la sua discendenza.

Penso che il matrimonio fra due persone così profondamente diverse sia stato felice. Allietato, come si dice, da quattro figli: una morì in fasce; gli altri sono lo zio Publio, economista, mia mamma e zia Fausta, scultrice.

La nonna Margherita era moderna, spregiudicata, femminista. Amica di Mommsen e di d'Annunzio. Vestiva alla greca, con pepli e sandali. Senza busto! mormoravano le buone signore romane. Disordinatissima. Mio padre, suo genero, le aveva dedicato un sonetto in romanesco (chissà perché, lei tedesca e lui piemontese). Ne riporto tre versi:

Che, sò le tue cartacce che nun trovi?
Beh, guarda nel secondo tiratore,
sotto al zapone e alli calzini novi.

11

La nonna Margherita
da giovane; ad Anzio;
e ancora ad Anzio
negli ultimi anni

Una sera, avevano molti invitati a cena. Non si trovava una tovaglia grande. C'era, ma non si trovava. Lei disse: «Andate da Frette a comperarne un'altra». «Ma a quest'ora il negozio è chiuso.» «Allora fatelo aprire.» E gli ospiti erano già alla porta. Imperturbabile, nel suo disordine. Superiore.

Il nonno le aveva fatto costruire ad Anzio una villa maestosa, anche quella inghiottita più tardi dai debiti. Lei vi abitava, con i suoi libri e i suoi pepli. Lì morì a cinquantasei anni, ancora bella e affascinante. Lasciò scritti di argomento scientifico.

Suo figlio Publio, il primogenito, si laureò a Roma. Era sposato da un anno appena, quando la moglie morì. Da allora, condusse vita da scapolo. Docente di economia politica, insegnò in diverse facoltà italiane, fra cui Trieste, Torino, Napoli, dove lo colsero i bombardamenti della seconda guerra mondiale che lo indussero a sfollare a Roma. La sua teoria dell'"Economia Pura" gli conferì autorità presso vari atenei all'estero: ma fu contrastata dal Regime, che si avviava all'economia corporativa.

La villa di Anzio e zio Publio

13

La figlia minore, Fausta, promettente scultrice, andò sposa, diciannovenne, a un artista di nome Cristo Giordano Bruno, di costumi libertini. Il matrimonio, nonostante la nascita di un bambino, Ariele, fu disastroso. I nonni avevano fatto il possibile per impedirlo. Disillusa e amareggiata, ma non scoraggiata, Fausta, autrice di alcune opere che ancora si vedono a Roma (fra l'altro i medaglioni sulla facciata del Ministero della Giustizia), lasciò l'Italia per New York, dove continuò a lavorare, creando modelli per cravatte e per stoffe da parati, che le assicurarono il benessere economico. Si sposò, quando il Cristo Giordano lasciò questa terra, con l'architetto Renato Corte.

Del nonno paterno ho pochissime notizie. Torinese, avvocato della Casa Reale al Cairo, morì investito da un cavallo imbizzarrito. Il giornale italiano del Cairo ne dette notizia: "Agostino Rossetti non è più. Un terribile accidente, che produce insieme sdegno e angoscia, ne ha troncato l'ancor giovane esistenza. Se queste parole non son di lui degno elogio, siano almeno l'espressione di profondo dolore che la sua triste fine ha prodotto in tutti noi". Segue la cronaca del luttuoso incidente, che termina così: "La morte lo sorprese quasi improvvisamente. Aveva detto con serena mestizia che si preparava al viaggio senza ritorno. Si spense senza pronunziare un rimprovero, una parola di sdegno, senza un lamento". Morì solo, lontano dai suoi. La moglie era rimasta a Torino. Il giornale cita "la graziosissima signorina Maria" e "il più giovane dei figlioli, Roberto, avvocato in Italia". Una menzione speciale per il primogenito Carlo "il cui solo nome gli irradiava gli occhi di una fiamma vivissima, giovanissimo tenente di vascello, che ultimamente resse con grande onore il consolato italiano di Seul in Corea". Era il

1903. Il nonno aveva 51 anni, mio papà 27.

Quanto alla nonna Vittoria, non ne so proprio nulla. Ravviso nei tratti dei miei discendenti qualche vaga rassomiglianza. Era genovese. Sposata a diciannove anni.

Zia Fausta col marito
Cristo Giordano Bruno

15

16

Il nonno Agostino
e la nonna Vittoria

Non so come sia stato il matrimonio: si sa soltanto che non seguì il marito al Cairo. Motivi di salute, probabilmente. Si conobbero le due nonne? Direi senz'altro al matrimonio dei figli. Ma poi? I pochi ritratti che mi sono arrivati le mostrano, una alta, nobile, appena un po' teatrale, l'altra col cappello, il jabot di pizzo e l'aria austera.

Non so altro dei nonni. In casa nostra si parlava poco del passato. Per esempio, papà aveva avuto un fratello, morto giovane in circostanze tragiche. Vi accennava raramente: «Il povero Gigi» e basta. Noi non chiedevamo altre notizie. Solo moltissimi anni dopo, trovammo il diario del povero Gigi. Era pittore. Aveva sposato una cantante spagnola. Bella e infedele. La denunciò per adulterio. L'udienza al tribunale di Roma dev'essere stata penosissima se, appena fuori dell'aula, il povero Gigi si uccise con un colpo di pistola. Aveva 31 anni. Papà aveva un altro fratello, Roberto, anche lui avvocato al Cairo. Ebbe dalla moglie greca tre figli, uno dei quali, Paolo, avrebbe lasciato, con cinque nipotini maschi, una ricchissima discendenza, anzi, l'unica discendenza Rossetti. Anche la sorella, zia Maria, sposata al capitano Amadasi, tra figli e nipoti diede origine a una vasta famiglia.

Del matrimonio dei miei genitori so quanto mi è stato raccontato e quanto ho visto in fotografia. Lui viaggiava in Sudan, per conto della Regia Marina. Venne in licenza a Roma, nell'estate del 1909. Vestiva da stravagante, anche in Italia: casco, cravatta svolazzante, stivali. Il tutto completato da baffi e barba un po' luciferini. Lei, delicata studentessa al primo anno di università. Mio padre lasciò il biglietto da visita, come voleva l'usanza, in casa del senatore Mengarini. Disse il nonno: «Guarda quest'imbecille che scrive in francese», leggendo il biglietto nel quale Monsieur Carlo Rossetti sollecitava l'onore di una visita. L'incontro non fu cordiale. Ma il colpo di fulmine tra i due, immediato. Tre mesi dopo erano sposati, sebbene il nonno non ne volesse sapere e desse sfogo al suo umore con scenate tremende. La nonna Margherita, invece, aveva preso in simpatia quel «giovine», come diceva, «assai intelligente, colto e leale». Fu lo zio Publio, allora studente, a risolvere la questione. Tirò da sotto la sedia una bottiglia di champagne e disse: «Allora, vogliamo brindare ai due fidanzati?». Preso in contropiede, il nonno terribile si arrese. Per il viaggio di nozze gli sposi andarono a Khartoum. Un viaggio di nozze che si protrasse per otto mesi. Cerco di immaginare come si sentisse la sposina ventenne, strappata a Roma e ai suoi, e sospinta da quel marito pazzoide attraverso il paese africano, a cavallo, col carretto, a dorso di dromedario. Da Roma la nonna Margherita scriveva al genero lettere accorate. "So bene, caro Carlo, che la mia Valeriuccia è felice con te. Ma ti prego pensa alla sua salute, ora che è in stato interessante, portala a Roma." Proponeva di venire lei stessa a prendersi la figliola. Da Khartoum a Roma. Impavida nonna. Niente. Partirono per l'Italia alla vigilia del parto, che fu prematuro e difficile. Disse il medico, illustre primario: «Mi spiace di doverLe dire che la Sua signora non potrà più avere bambini». Poi ne ebbe altri sei.

Carlo Rossetti in prima elementare

Il fidanzato, la fidanzata,
viaggio di nozze a Khartoum

21

GENITORI

Papà aveva un carattere gioviale. La sua cultura era vastissima. Leggeva e scriveva di tutto, con entusiasmo. Da bambino era stato in collegio militare a Torino; poi all'Accademia navale di Livorno, da dove uscì a 17 anni con il grado di aspirante guardiamarina. Giovanissimo di età e piccolo di statura, iniziò subito una carriera brillante che lo portò a fare l'esploratore in Africa, il console a Seul e non so che altro, sempre per conto della Marina. Quando si sposò a 33 anni, era tenente di vascello e aveva maturato una larga esperienza del mondo. Tuttavia rimpianse per tutta la vita di non aver studiato il latino. Ai suoi figli, tutti e sette, chiese di arrivare "perlomeno" alla laurea. Solo Donatella si ribellò e non finì nemmeno il ginnasio. Ma fu assolta perché si vide presto quanto la sua presenza fosse preziosa in casa. Praticamente, e soprattutto dopo la morte della mamma, fu lei a dirigere ogni cosa in famiglia. Amministrò le finanze che in casa nostra più che altrove soffrivano di alti e bassi impressionanti.

La mamma veniva da una famiglia di intellettuali. A 19 anni aveva iniziato l'università a Roma, facoltà di Scienze. Interruppe gli studi per sposarsi e seguire il marito in Africa. Ebbe sette figli e nacquero tutti a Roma, sebbene lei e papà fossero spesso in giro per il mondo. Dopo il Sudan, andarono in Tunisia. Poi, papà fu trasferito a Grado, durante la prima guerra mondiale, a capo del Comando Marina italiano; indi inviato a Mosca allo scoppiare della Rivoluzione d'ottobre, sempre per conto della Marina.

I viaggi in Russia furono parecchi. Papà raccontava un episodio che l'aveva divertito. Nel vagone ristorante della

Sopra: Valeria Mengarini
a Merano e Budapest

Nella pagina a fianco:
in terza elementare,
al Ginnasio e ad Anzio

Transiberiana, c'era un signore inglese che voleva due uova. Le chiedeva in inglese: «Two eggs». Il cameriere non capiva. Quello ripeteva più forte: «Two eggs». E niente. Allora faceva lo spelling: «T-W-O E-G-G-S». E sempre niente. Non lo aveva sfiorato il dubbio che il cameriere non sapesse l'inglese; e continuava a ripetere sempre più forte e sempre più stizzito la sua richiesta, mentre l'altro lo guardava imbambolato. Finché non intervenne papà, che non sapeva il russo, ma aveva imparato a farsi comprendere da chiunque, dovunque. Successivi incarichi lo portarono in Ungheria, Romania, Austria, Albania. Quasi sempre con i figli dietro.

Io ero contenta dei miei genitori; mi volevano bene, erano due persone eccezionali e mi avevano messo in questo mondo dove mi trovavo benissimo. E avevo fratelli e sorelle che riempivano la casa. Ogni tanto papà diceva: «Insomma; si può sapere chi comanda in questa famiglia?». E noi tutti, tranquillamente: «mamma». Fingeva di prendersela a male, ma era compiaciuto. Raramente alzava la voce: allora faceva scenate tanto rumorose quanto innocue. Aveva un modo suo di tuonare

25

rimproveri e minacce con l'aria di non prendersi troppo sul serio. Mamma esercitava l'autorità senza darlo a vedere; probabilmente senza accorgersene. Era dolce, era composta. Sorrideva, ma gli occhi erano velati. Se ne andò, scivolò via in una mattina di febbraio, piena di sole e di profumo di mimose. Avevo sedici anni, uscivo da una pubertà brufolosa e imbronciata; improvvisamente mi trovavo adulta, fiorente. Di fronte a quella figura bianca, ritornai bambina. Impaurita, più che disperata. Le dicevo: «Perché, perché, perché te ne vai via così, senza dire niente». Non era vero, non era possibile, si sarebbe svegliata. Per molti anni l'odore delle mimose mi fu insostenibile. Presto, però, mentre Fiammetta ancora piangeva, tornai allo specchio a provare acconciature. Di lei, della dolcissima mamma, ho ricordi lievi e affettuosi, affievoliti nell'incalzare della guerra. Eravamo bambine a Merano. Ci portava a passeggio sulla promenade. Gli omaggi e i baciamani che riceveva ricadevano su di noi, sulle nostre mani che si stringevano alle sue. A Roma, veniva qualche volta a parlare con le maestre, con i professori. Era un avvenimento. Non ci interessavano i loro giudizi: era importante che le compagne vedessero la nostra mamma. E quando eravamo in Albania, lei organizzava cene e feste che noi riuscivamo a spiare dalle porte socchiuse. Una delle ultime sere, stava ancora bene, nel darmi un bacio per la buonanotte, ebbe un sorriso così dolce e così triste che mi si è confitto nell'anima per sempre. Durante gli anni della guerra la sognavo spesso. Le dicevo: «Meno male che sei andata via da qui. Questo non è posto per te. È scomodo, freddo, difficile».

L'orribile ferita non alterò il carattere di papà, fondamentalmente equilibrato. Si attaccò di più ai figli e si interessò ai loro studi. Si tuffò nei libri. Ne scrisse diversi, su argomenti diversissimi: dalla Corea ai giochi di prestigio, alla linguistica, ai viaggi. Un suo libro, "Tranelli dell'inglese", ebbe un bel successo e arrivò alla quinta edizione. Ma l'editore, mediante qualche clausola ambigua, riuscì a non fargli guadagnare quasi nulla. Destino della famiglia Rossetti, l'incapacità di monetizzare i talenti. Quanto ai giochi di prestigio, che erano la sua passione, più che un hobby, vi si dilettava con maestria e ne scrisse con buona competenza due libri: "Magia delle carte" e "Il trucco c'è ma non si vede". Anche questi, che pure ebbero una buona diffusione, non gli procurarono gratificazioni economiche. Al contrario, gli costarono parecchio. Oltre alle carte, che erano un esercizio quotidiano e di cui possedeva una vera collezione, usava scatole e scatolette magiche, di legni pregiati; statuine semoventi, monete pieghevoli, bacchette a scomparsa. Comperava questi oggetti in un negozio di Vienna, specializzatissimo e costosissimo. Con i suoi giochi si esibiva in casa, felice quando incontrava la nostra ammirazione. E anche fuori casa, cosa che ci teneva in apprensione. Accadeva infatti talvolta che un gioco non riuscisse. E questo lo mortificava più del dovuto. Il libro Corea e Coreani, da tempo fuori commercio, ha un valore storico. La sua stanza da studio era un cumulo di fogli sparsi dappertutto. Nel '44, quando per noi era finita la guerra, uscivano ben tredici quotidiani, a Roma. Li comperava tutti; e li conservava. Dopo un po' non si poteva nemmeno camminare in quella stanza. E tuttavia cercavamo di entrare spesso da lui, perché era di umore affabile e amava la nostra compagnia. E noi la sua. Una sera ero rientrata tardi. Senza alzare gli occhi dal libro, «Belle ore!» osservò burbero. «E per di più hai bevuto!» «E tu come te ne sei accorto?» «Papà si accorge di tutto.» Sorrideva. Quando ero lontana da Roma, mi scriveva regolarmente e si rattristava se non rispondevo a giro di posta. Diceva: "Ti aspettiamo. Torna presto a rallegrarci con le tue scemenze". E ancora: "Come mai ci hai lasciato senza tue notizie per ben otto giorni? Scrivici qualcosa di bello: qui di bello non c'è niente".

Morì nel 1948, spaesato da quel dopoguerra nel quale non si riconosceva.

Nelle pagine successive: Carlo Rossetti entra all'Accademia Navale di Livorno a 13 anni. Ne esce a 17, aspirante guardiamarina. A Grado, nel 1916. Contrammiraglio, durante la seconda guerra mondiale.

29

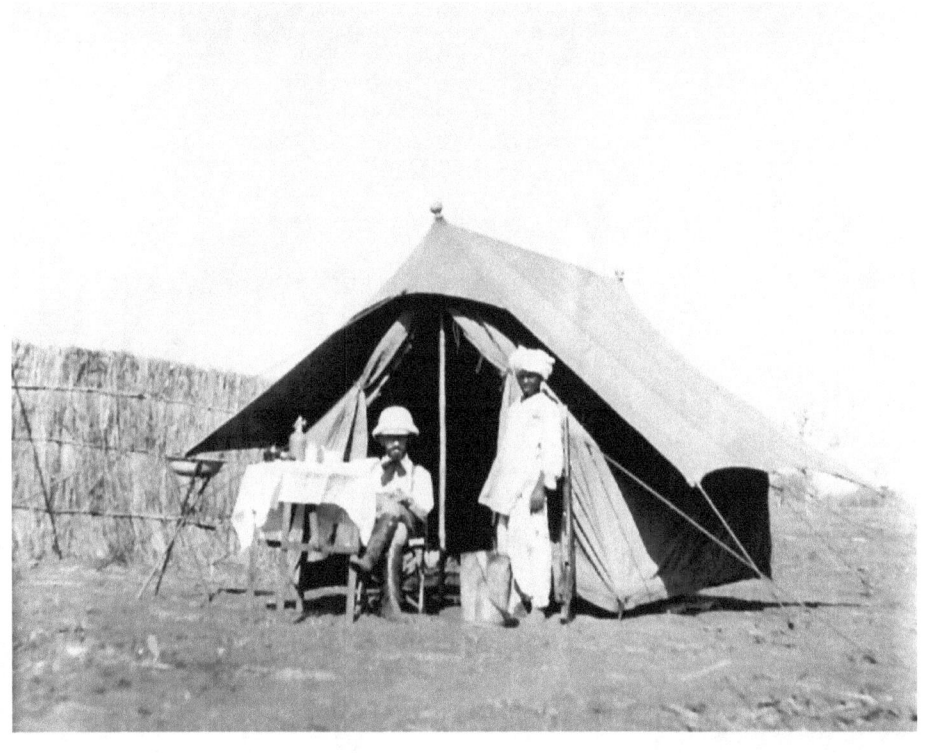

La tenda di Carlo Rossetti nell'Oltregiuba e,
nella pagina a fianco, in Corea.

Carlo Rossetti
a Mosca, durante
la rivoluzione
d'ottobre.

PIATTI POSATE BICCHIERI

Prima di sposarsi, papà aveva viaggiato a lungo in Africa, per conto della Marina. In Sudan soprattutto, ma anche in Eritrea, Etiopia, Somalia, fino a spingersi nell'Oltregiuba, regione di selvagge savane, arricchita dal limo del fiume e popolata da una fauna imponente. Attendato nei pressi del Giuba, fece l'incontro di una carovana guidata dalla duchessa Elena d'Aosta (madre del futuro eroe dell'Amba Alagi). Grande viaggiatrice ed esploratrice, nonché cacciatrice, avrebbe poi lasciato diversi libri sulle sue esperienze in quelle terre lontane. La nobildonna e il giovane ufficiale, connazionali, innamorati entrambi dell'avventura africana, simpatizzarono. Papà fu invitato nella tenda ducale. La cena che gli venne offerta, a base di carne e sardine in scatola, era servita con piatti e posate di stagno. «Lei può ben comprendere» spiegò Sua Altezza, «che in Africa non ho voluto portare la mia argenteria». Un paio di giorni dopo, mio padre restituì l'invito. Nella sua tenda, il servo somalo, debitamente addestrato, aveva imbandito una cena superba, servita in piatti di porcellana e con posate d'argento. Se papà abbia un po' abbellito questo episodio, non so. So che lo raccontava spesso, compiaciuto.

Nei primi anni novecento, era Console d'Italia a Seul, in Corea. Viaggiando in quel paese, gli capitò di essere ricevuto dal prefetto di una lontana provincia. Questi, per onorare il giovane diplomatico straniero, aveva voluto fare le cose alla grande. Stoviglie di porcellana, e finissima, in Corea erano cosa di tutti i giorni. Mentre certi recipienti, fatti venire dall'Inghilterra, sembravano molto più raffinati. E in quei recipienti venne servito il pranzo: erano vasi da notte di smalto bianco e blu, come quelli che si vedevano nelle nostre campagne ancora cinquant'anni fa. Per la Corea, o almeno per quel prefetto, erano qualcosa di raro e pregiato. Papà dovette complimentarsi sia per la cena squisita, sia per le esotiche stoviglie in cui era stata servita.

Quando, allo scoppio della Rivoluzione d'ottobre, si trovava in Russia come addetto navale, si rese protagonista di un altro episodio che gli piaceva ricordare. Gli era stata offerta, sulla Transiberiana, della vodka in un bicchierino di cristallo con filigrana d'argento. Gli piaceva e chiese di acquistarlo. Impossibile: apparteneva alla Compagnia dei vagoni letto e non era in vendita. «E se per caso ne rompessi uno?» «Dovrebbe allora risarcire il danno alla compagnia.» Papà trovò modo di rompere ben sei bicchierini, in altrettanti viaggi. Tornato a Roma, raccontava l'espediente, un po' truffaldino, che gli aveva permesso di farsi la sua piccola collezione di bicchierini da vodka di cui andava fierissimo, lui astemio.

LE FRASI RIPETUTE

"Ora anche le pulci hanno la tosse?", quando cercavamo di mettere bocca nei discorsi dei grandi.

"Chi si contenta gode", quando mi rimiravo davanti allo specchio.

"Voi due avete santa Pupa che vi protegge", quando uscivamo indenni da qualche guaio in cui ci eravamo cacciate.

"Arriva la signorina Grandifirme", quando prendevo degli atteggiamenti.

"Sembrate due Galla e Sidama", quando eravamo spettinate. Lui sapeva chi erano costoro..

"La tua presunzione è superiore solo alla tua ignoranza", quando insistevo nei miei spropositi.

"Ecco le studentesse russe", quando ci trovava particolarmente sciatte, senza un bottone, con le scarpe slacciate, il colletto di traverso.

"In questa casa io conto quanto il due di briscola", quando a tavola parlavamo tutti assieme e non gli lasciavamo la parola.

"Io a mia madre davo del lei e la chiamavo Signora Mamma", quando trovava che i nostri modi erano poco riguardosi.

"A Torino si cenava alle sette! ", quando si andava a tavola più tardi del solito.

"Solo i musulmani non salutano prima di andare a dormire", quando trascuravamo di augurargli la buonanotte. Questa dei musulmani che non salutano i genitori rischiò di darci una strana idea dell'Islam.

"Papà è severo ma giusto". Era la sua espressione favorita e la più sballata. Severo non era: era indulgente e tenero, a parte l'innocua mania della puntualità ai pasti. E giusto, nemmeno. Aveva anche lui le sue bizze, i suoi pregiudizi. Quelli che dicevano "remare" invece di "vogare", li considerava degli analfabeti. Non sopportava le persone che nel salutare porgevano la mano molle. "Puoi aspettarti di tutto da uno così". Peggio, quelli che erano stati esclusi dal servizio militare: "Uno scarto di leva, figuriamoci! ". Peggio ancora, gli zoppi e i gobbi: "Guardati dai segnati da Dio! ". Simili enormità lui poteva dirle impunemente: non avevano peso.

"Dagli amici mi guardi Iddio, ché dai nemici mi guardo io" diceva spesso, ricordando di essere stato bombardato, a Grado, da un aereo italiano.

I DUE BATTESIMI

Sono nata a Roma, in piazza del Quirinale. Un indirizzo impegnativo, destinato a sparire presto, per le molte vicende della famiglia, incominciate ben prima della mia nascita.

Quando avevo quindici giorni, i genitori mi condussero con loro in Ungheria. Per il battesimo, andarono alla Nunziatura apostolica di Budapest. Il Nunzio era un sant'uomo. Oggi lo definiremmo un tantino integralista; ma poiché questi fatti ebbero luogo molto prima del Concilio Vaticano, lo possiamo considerare un sant'uomo e basta. Inoltre, un grande diplomatico.

«E come la chiamiamo questa bella bambina?» chiese affabilmente. «Oretta.» «Non è possibile» fu la pronta, meno affabile replica. Il nome Oretta apparteneva a una cortigiana, nota nella Roma del Rinascimento per la sua dissolutezza. «Allora, come la chiamiamo?» «Laura» mormorò mio padre, ossequiente all'autorità ma per nulla persuaso. Tant'è vero che mi sono rimasti da allora due nomi, uno per l'anagrafe e uno per la Chiesa. Durante la cerimonia, Donatella per l'emozione fece pipì sui rossi tappeti della Nunziatura. Sua Eccellenza ne fu contrariata. Il suo malumore doveva esplodere un anno e mezzo più tardi, quando si trattò di battezzare una nuova sorellina. Un po' teso, ma sempre diplomatico, Monsignore chiese: «E come la chiamiamo questa bella bambina?». Non so se per spavalderia o in buona fede, papà rispose: «Fiammetta». Fu un momento penoso. Il Nunzio si mostrò oltraggiato. Non soltanto, disse, Fiammetta era stata una cortigiana, ma una fra le peggiori, molto più dissoluta della cortigiana Oretta. Tagliò corto: «Questa innocente creatura riceverà il santo battesimo con il nome di Innocenza» dichiarò. E Innocenza fu battezzata.

La famiglia lasciò l'Ungheria poco tempo dopo, per cui non penso che abbia avuto altri contatti con la Nunziatura apostolica di Budapest.

Il Battesimo nella
Nunziatura di Budapest

SORELLE

Da piccole ci chiamavano le bambine Rossetti. Zia Mimmina, la cugina di mamma e la sua amica migliore, diceva ai figli litigiosi: «Guardate le bambine Rossetti come sono buone». Noi li guardavamo azzuffarsi come si assiste a un numero al circo. Non eravamo buone; nemmeno stupide. Solo non abbiamo mai litigato. Il nostro è stato un lungo amore fedele. All'inizio c'erano state delle *fräulein* o *mademoiselles* a disturbare la nostra intimità. Erano noiose o erano cattive. Entravano e uscivano dalla famiglia, inesplicabili meteore. Una volta dissi alla mamma: «Wilma voleva farmi bere la birra». «Come? Dove?» «In un posto.» «Che posto?» «Non so, c'erano degli uomini e uno stava disteso per terra.» Così i genitori appresero che l'allegra Wilma mi faceva frequentare le osterie, invece dei parchi di Merano. Ce n'era un'altra che picchiava Fiammetta nel bagno, quando piangeva perché le era andato il sapone negli occhi. In casa nostra era proibito fare la spia: papà la considerava una cosa disdicevolissima. Amava recitare con voce terribile: «Va! Tu soltanto mi desti orrore: sei delatore!!!». Ma certi fatti bisognava denunciarli. A tavola, queste governanti erano impossibili. Noi volevamo cenare con i grandi e loro: «No». Da sole, in guardaroba, sottoposte alle loro vessazioni. I gomiti, il coltello, sta dritta e non si beve durante i pasti. Poi bisognava parlare in francese o in tedesco. O non parlare affatto. Tutte in comune avevano la mania dell'ordine. Una corvée estenuante: ordine nei cassetti, nei vestiti, nelle tasche. E non erano mai soddisfatte: c'era una macchia, mancava un bottone, la riga nei capelli era storta.

Liberate da quell'uggiosa tutela, il nostro disordine si espanse felicemente. Avevamo un armadio, in camera, dove gli indumenti si accatastavano. Appena aperto, tutto fluiva sul pavimento. Per richiuderlo c'era un sistema: una spingeva a forza di pedate tutta la roba dentro, l'altra svelta chiudeva i battenti. Nel nostro linguaggio, il vestiario, la biancheria, erano "la catasta". Dalle scrivanie ingombre cadeva ogni tanto un quaderno o un libro. Cadeva e restava a terra fino alla mattina dopo, quando preparavamo febbrilmente le cartelle.

Disordinate. E sempre in ritardo. Di corsa vestirsi, di corsa la colazione e via a perdifiato per arrivare a scuola prima che suonasse la campanella. Un periodo abitavamo vicino alla casa del Duce. Lungo la strada, dietro ogni albero stazionava un agente in borghese, con ombrello e impermeabile. Avevamo fatto amicizia. Dicevano: «Svelte, anche oggi siete in ritardo». E via di corsa, fermandoci un attimo per riallacciare una scarpa o tirar su una calza. Entravamo in classe senza voce per il gran correre. Nemmeno una volta abbiamo pensato di alzarci un po' prima. Al pomeriggio, rilassate, facevamo i compiti. Nessuno ci sorvegliava. Si fidavano, probabilmente. A un certo punto, tiravamo indietro le sedie. Era il momento di andare a fare i dispetti ai fratelli. Attraversato il lungo corridoio, salite le scale, spegnevamo la luce nella loro stanza. Scherzo sempliciotto ma efficace. Poi aspettavamo la loro vendetta. Che non tardava, ed era deliziosa. Debitamente terrorizzate, si tornava in camera. «Fate un po' d'ordine prima di cena» dicevano i grandi senza convinzione. Il disordine era la nostra pelle, ci piaceva.

Un anno ci fu un campeggio in Libia, per un centinaio di ragazze delle scuole italiane. Fummo scelte anche noi due. Eravamo soldatine dell'Impero e come tali dovevamo comportarci. Farci onore. Disciplina militare, alzabandiera, rancio, ispezioni, esercizi ginnici. Noi non ci siamo fatte onore. Nessun plauso per noi, alla fine del campeggio. La mattina, all'alzabandiera, tutte le ragazze si schieravano sul piazzale, in perfetta divisa, sahariana kaki, casco coloniale, tricolore al collo. Noi eravamo sempre le ultime. Una mattina, per la fretta, svegliate dalle prime note dell'alzabandiera, infilammo la divisa sopra il pigiama, arrotolando i calzoni. Sul più bello della cerimonia, a Fiammetta si sfilarono e piombarono a terra. Erano rosa, di rayon. Io avrei voluto ridere, ma lo sguardo del Comandante ci raggelò. A mezzogiorno, altra cerimonia: ispezione. Bisognava farsi trovare sull'attenti, ai due lati della tenda aperta e perfettamente riordinata. La migliore riceveva un elogio. La nostra tenda rimase sempre chiusa, durante le ispezioni. Una di noi stava davanti e diceva: «Non si può, Oretta si sta vestendo»; o era l'altra a scusarsi: «Non si può, Fiammetta si sta cambiando». C'era, al campo, una dottoressa. Mi curò, per una ghiandola all'ascella che si era gonfiata, disse, perché non mi lavavo. Probabile. Però lei era antipatica. Ambigua. Dopo di me, toccò a Fiammetta andare in infermeria, per una febbre. «Lascia tua sorella qui con me, va via» diceva. «Non posso.» «Perché?» «Perché noi stiamo sempre insieme.» Finito il campeggio, sfilammo davanti alle autorità. C'era anche lei. Al nostro passaggio, disse: «Voi due mi avete dato una delusione». Lo disse sottovoce.

Da bambina, Fiammetta era timida e facile al pianto. Ancora non camminava, quando papà le diceva, solenne: «Cosa c'era in quel fior che m'hai dato?». Lei tirava su il labbro, sempre più su finché scoppiava in lacrime. Poi erano i fratelli a farle i dispetti. Aveva un cagnolino di panno, se lo teneva in braccio. Le chiedevano: «Ma è vivo questo cagnuccio?». Rispondeva incerta: «No, è morto». E loro giù a ridere, mentre lei tirava su il labbro. Avrà avuto quattro anni quando, scendendo i gradini di casa uno alla volta, pensò di spostare col dito tutte le stampe che pendevano alle pareti dei tre piani. Immediatamente Ferruccio istruì un processo. La colpevole fu condannata a rimettere in linea tutti i quadri. Non soltanto: venne anche solennemente "depinacotechizzata". Sotto il peso dell'anatema, la poverina risalì sgomenta le scale e riparò l'ingiuria fatta all'arte.

Aveva, ha, un anno e mezzo meno di me. Ma come sembrava piccola, col fiocco bianco e una bambola in braccio. Era mio dovere proteggere quella fragilità. «Va' tu avanti» chiedeva, quando ci chiamavano in salotto a salutare gli ospiti.

Un giorno, eravamo alle elementari, io in seconda e lei in prima, venni alle mani con una compagna, durante la ricreazione. Indossava sul grembiule un collettino tutto gale e merletti, mentre le altre si accontentavano di quello d'ordinanza di picchè bianco. Nella zuffa le strappai il meraviglioso colletto. L'infame mi denunciò. Fui spedita dalla Madre Superiora. Quando vide la porta chiudersi dietro di me, Fiammetta scoppiò in un pianto disperato: pensava che mi avessero inflitto chissà quale ergastolo, che non sarei mai più ritornata. Vedendomi uscire saltellante dalla direzione, pochi minuti dopo, mi guardò sbalordita fra gli ultimi singhiozzi: felice per il mio insperato ritorno e forse un po' dispiaciuta per tutte quelle lacrime versate inutilmente. Dopo aver detto il fatto suo alla delatrice, ripresi sotto braccio la sorellina e continuai allegramente la ricreazione.

Era sotto la mia protezione. Dovevo difenderla.

Crescendo, diventò alta e bella. Capelli lunghi, occhi

verdi. Personalmente, la trovavo un po' grassa e ciabattona: anche perché si curava poco del vestiario, mentre io ero piena di rispetto per la mia avvenenza. Le chiedevo: «Non trovi che questo cappello mi dia un'aria misteriosa?». Lei dava un'occhiata e diceva: «Boh». Aveva un modo suo di dire "boh". E gli dava tanti significati: difesa dalle ingiustizie, ammissione di ignoranza, rifiuto di rispondere, timore di sbilanciarsi. Un giorno tirava a Roma una tramontana gelida, di quelle che ti fanno pensare se il nostro sia veramente il paese dove fioriscono i limoni. Disse: «Sei matta a uscire così, senza cappotto?». «Non capisci niente. Pensi che dovrei rovinare con un cappotto questo splendido tailleur?» Mi guardò e disse: «Boh!».

Fiammetta
a New York

Lei era schiva e io spavalda. Ero golosa e lei no. Suonavo il pianoforte e lei ricamava. Ma ci univa una comunione totale che si interruppe solo quando la vita spedì me in Francia e lei in America.

La rividi per la prima volta, in Brianza, dopo la guerra. Avevo un bambino di un anno e ne aspettavo un altro. Indossavo un grembiulone bianco. Suonano alla porta. Si presenta una splendida fanciulla slanciata, con un cappellino vezzoso e un trucco perfetto. La guardo sbalordita: «Oddio, che t'è successo?» Tre anni d'America, bistecche e succo d'arancia, le avevano fatto perdere cinque chili e dato quell'aria squisita. Adesso ero io grassa e ciabattona.

Fiammetta lavorò come biologa alla Squibb di Roma. Sposata con Giannetto Barrera, ha tre figli: Pietro, Luca, Giulia.

44

FRATELLI E SORELLE

Marina, maggiore di me di undici anni, era un essere superiore, lontano. Un'intellettuale, con amici intellettuali. Religiosissima e molto scrupolosa. Accadde che una volta, in casa di amici austeri come lei, si ubriacò. Probabilmente a causa di alcolici scadenti. Tornò a casa canticchiando e ridendo, cosa insolita. La mamma, guardandola perplessa, le chiese se per caso avesse bevuto. Marina disse: «Figurati!», e cadde nella vasca da bagno. Fiammetta ed io spiavamo dal buco della serratura. Dopo una blanda ramanzina dei genitori, la rea, contrita, andò a confessarsi. Che le disse quel prete? Le disse: «Se vuole ottenere l'assoluzione, non dovrà più vedere quelle persone». E lei, ligia, obbedì. Quelli telefonavano e venivano respinti con vari pretesti. Finché un giorno le venne un'idea geniale: tornò a confessarsi da un sacerdote più comprensivo, il quale, con due Avemarie, l'assolse e la restituì ai suoi amici. Religiosa, ma di una religione illuminata e mai messa in mostra: tant'è che, pur vivendole accanto, non ho mai avuto idea della ricchissima vita interiore che l'animava, né di quella perfezione di ideali che le era valsa, fra altre preziose, l'amicizia di papa Montini. Religiosa, nient'affatto bigotta, aveva l'umore vivace, la conversazione brillante, il giudizio acuto.

Il carattere ironico, unito a una decisa mancanza di tatto, le valse qualche incomprensione. Non tutti apprezzavano il suo senso dell'umorismo. A un'infermiera che le aveva praticato un'iniezione disse: «La mia domestica le sa fare meglio»; e fu subito invisa a tutto il reparto. In quell'ospedale, o in un altro, scrisse col dito sul vetro di una finestra POLVERE. Il personale non vi colse nulla di divertente e il

46

loro malumore crebbe. Una volta era venuta con me in un negozio dove ero cliente. La proprietaria era una persona squisita e molto ciarliera. A un certo punto Marina la interruppe: «Lei faccia il favore di stare zitta». Da allora non sono più entrata in quel negozio.

Fra i vari malanni che l'affliggevano, aveva una forte allergia alle fibre sintetiche: nylon, eccetera. Finché queste erano quasi sconosciute, i medici non ci capirono nulla. Ma continuarono a non capirci nulla anche molti anni dopo, quando i disturbi si erano fatti più evidenti. Nell'imminenza di un'operazione, Marina provò a spiegarsi con primari, anestesisti, infermieri. Niente. Si sa che i pazienti sono degli ignoranti. Analfabeti. Se non dei semplici oggetti. Lei non si diede per vinta. Quando sul tavolo operatorio le scoprirono l'addome, trovarono scritto vistosamente a stampatello: ATTENZIONE. ALLERGICA AL NYLON. NON USATELO PER RICUCIRMI.

Quando era in buona salute e non occupata a scrivere e leggere, si dilettava in cucina. Era una cuoca finissima, un cordon bleu. Ma come tutti i grandi chefs, aveva l'abitudine di circondarsi di aiutanti. «Tu setacci la farina. Tu sbucci le mandorle.» Sicché, appena lei apriva il suo libro di ricette, era il fuggi fuggi. Le ristrettezze della guerra la tolsero ai fornelli. Vi tornò nel dopoguerra, anzi nel dopo-dopoguerra, sempre più cordon bleu e sempre più esigente con i suoi schiavi.

Sui vent'anni aveva fatto diversi viaggi, in Giappone, in India. Poi studiò per un anno in un college negli Stati Uniti. Ci portava regali bellissimi. O anche brutti: come quei due pigiamini di seta cinese a fiori, con fusciacca e calzoni larghi, che ci toccò indossare in qualche, per fortuna rara, occasione mondana. Avevamo nove o dieci anni: a quell'età

Marina, Romano, Donatella e Ferruccio

47

si cerca di non dare nell'occhio.

Dagli Stati Uniti portò certi strani condimenti per insalata, che lei chiamava dressing e che ebbero un bel successo. A Lussino, scendeva al mare verso mezzogiorno con quelle stuzzicanti insalate: gli amici, che già erano tanti, all'ora dell'aperitivo diventavano una folla.

L'editore Rizzoli ha pubblicato nel 1990 il carteggio di Marina col cardinal Montini, divenuto poi Paolo VI.

Romano era degno di ammirazione; era bello, altero e importante. E con amici importanti. Per due anni era stato in collegio a Firenze. Probabilmente i genitori ce l'avevano messo a causa del suo umore ribelle, ma a noi sembrava cosa di grande prestigio avere un fratello che studiava a Firenze. In vacanza, a Lussino, vestiva con ricercatezza. Era snob: un anno portò addirittura il monocolo. Le ragazze lo guardavano, mentre si pavoneggiava con gli amici. Anche noi eravamo compiaciute della sua eleganza. Però ci tenevamo a distanza, guardinghe: ci faceva i dispetti e aveva un caratterino (eredità del nonno Guglielmo?), che consigliava la prudenza. Quando fece il servizio militare nei Granatieri, aveva divise di una magnificenza sconosciuta. Molto compreso del suo prestigio di sottotenente, aveva preso a impartirci lezioni di arte bellica: l'uso delle baionette, i gas asfissianti, le bombe a mano e altre amenità. Lo ascoltavamo stupite e ammirate.

Fu a lungo in Africa Orientale, prima per lavoro, poi in guerra, poi prigioniero. Lo ricordo in una delle sue ultime licenze. Era un capodanno, forse del '41. Roma era sotto la neve e il gelo. Andammo in tanti ad accoglierlo alla stazione. Discese dal treno elegantissimo in sahariana di tela bianca e maniche corte. Dovette accontentarsi di qualche cappotto prestato, di qualche maglione, che lo ripararono dal freddo, ma vanificarono lo splendore della sua divisa.

Era stato funzionario del Ministero delle Colonie. Quando tornò dalla prigionia, non c'erano più colonie né ministero. E dovette inventarsi una nuova carriera. La terminò molti anni dopo, da ambasciatore. Sposato a Roma con Maria Antonietta Montagna, ebbe due figli: Roberto (Tino) e Diana (Titti).

Se Fiammetta è stata la sorella dell'infanzia e dell'adolescenza, Donatella è stata quella dell'età adulta.

Era sui diciott'anni che sembrava ancora una bambina. Le sue amiche coetanee ricevevano complimenti e galanterie. A lei toccava un buffetto sulla guancia. Improvvisamente diventò adulta. La mamma, forse per ricompensarla del tempo perduto, le ordinava vestiti alla Merveilleuse, di Torino. Noi due guardavamo elettrizzate quegli scatoloni che contenevano, fra strati di carta velina, toilettes raffinate. Le stesse, passando a me anni dopo, sembravano tanto brutte.

Anche lei, come Ferruccio, apparteneva al mondo dei grandi e non partecipava alla nostra vita di bambine. Con qualche eccezione. Dalle suore dove noi due frequentavamo le elementari e lei il ginnasio, accadde che io fui mandata fuori dalla classe. Chi non l'ha provato non sa cos'è quel senso di vuoto che stringe l'animo del povero espulso. Mentre vagavo sconsolata per i corridoi, incontrai una figura vagante e sconsolata come me. Era Donatella! La grande, la ginnasiale, anche lei cacciata dalla classe. Il comune infortunio abolì per un attimo la differenza di età e di gerarchia.

Dopo la morte della mamma, prese in mano la casa e

amministrò denaro e famiglia con rigore. Noi cercavamo di sfuggirle di mano. Ci piacevano il disordine, l'incoscienza, le risate. Non avevamo nessuna voglia di rigar dritte. Ma papà si appoggiò a lei: la ebbe come spalla in quegli anni dolorosi. Si fidava di lei e a lei si affidava totalmente. Marina era un po' remota, con i suoi interessi intellettuali. 1 fratelli facevano il servizio militare o erano in guerra. Noi due, giovani e sconsiderate. Donatella è stata il conforto di papà. E la guida di Benvenuta, rimasta orfana a sette anni: le dedicava cure e tempo. È stata, insomma, il centro della famiglia.

Poi si sposò e andò ad abitare a Milano. Allora non ci fu più differenza di età. Fummo vicine. Lei mi insegnò a lavorare le calze a cinque ferri, a gestire l'economia di una famiglia. Molte lettere, poche telefonate (la teleselezione era di là da venire), vacanze insieme in montagna con i bambini. È stata per me l'erede della mamma, di zia Mimmína. Finché c'è stata lei, non ho conosciuto la solitudine. Quando ci fu strappata via brutalmente, in una domenica di febbraio (anche lei!), rimanemmo storditi. La lacerante ferita mi ha lasciato un vuoto che non si è colmato.

Si era sposata con Gianni Cirillo, da cui ebbe tre figli: Stefano, Romana, Maria Vittoria.

Ferruccio, lui, era il nostro idolo. I suoi scherzi ci facevano ridere, i suoi dispetti erano lievi. Aveva un umore carezzevole che ci incantava. Io lo avrei volentieri ammesso nella nostra intimità, ma era irrimediabilmente grande e con i grandi voleva stare. Abitavamo in via Varese una casa con diversi piani. Durante le ore dei compiti pomeridiani, salivamo spesso fino alla sua stanza per chiedergli di farci un po' di dispetti. Cercava di mandarci via, perché stava studiando.

Poi cedeva. Aveva tutta l'attrezzatura per rilegare i libri: allora ci metteva i piedi nel torchio e diceva: «Ora stringo finché non confessate». Oppure era lui che scendeva a interrompere il nostro studio. «Vi andrebbe una granita al caffè con la panna?» Andava a comprarla o se la faceva mandare dal lattaio. E subito il pomeriggio diventava festivo. Delicato di stomaco, consumava ogni mattina uno "yogurt", strana sostanza bianca contenuta in vasetti di terraglia grigia, che veniva portata a casa da un signore bulgaro, di nome Topuz. A noi due quel nome sembrava il colmo della comicità. Una comicità resa irresistibile dall'aspetto severo e professorale del suddetto signor Topuz. Poi guardavamo con rispetto Ferruccio, mentre consumava quella cremina bianca, che era solo per lui.

Per la mia barchetta Delfino, comperò delle belle lettere di ottone. Ma disse che, siccome non aveva trovato quelle che volevo, ne aveva prese delle altre che formavano il nome "Filonde": molto più adatto, del resto, perché significava "amico delle onde". Lo guardammo interdette finché, spostando le lettere, ci spiegò lo scherzo. È sempre stato un enigmista, Ferruccio, fin da bambino. Collaborava addirittura alla "Settimana Enigmistica".

Avrebbe potuto essere il nostro amico del cuore, se non fosse stato così grande. Più tardi andò in guerra. Poi fu prigioniero in Africa. Fece la fame in Algeria. Tornò. Con una borsa di studio andò in Svezia, dove rimase. Sposato con Claretta Stenta di Lussino, fondò una famiglia italo/svedese, con Maria Cristina, Martino, Valeria.

Alla nascita, Benvenuta fu accolta con gioia. Era l'ultima, vent'anni di differenza con la primogenita Marina. Aveva un nome beneaugurante. Una bella pupa, occhi neri

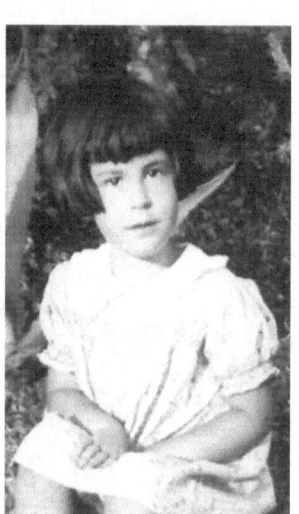

e riccioli nerissimi. Era sui due anni quando la facevamo recitare nei nostri teatrini. La sua parte era quella dello "schiavo muto che non parla". Lei avanzava sulla scena, coi piedi scalzi, camminando cautamente sulla ghiaia aguzza. E tutti applaudivano, solo a vederla. Giocava, da piccola, con la cugina Letizia. Aveva inventato per loro due un paese, "Millicozia", dove abitavano solo loro. E un linguaggio, un codice tutto loro. I grandi non erano ammessi. Lei li guardava con diffidenza. Era capricciosa: non si sapeva da che verso prenderla per non farla piangere. Crebbe irrequieta, scontenta. Io non capivo: c'era qualcosa che la travagliava fin da piccola, ben prima che la sclerosi si dichiarasse.

Un Natale, noi grandi le avevamo preparato un bel presepio. Lo guardò seria. Poi disse: «Il laghetto è fatto con uno specchio, le stelle sono finte, la neve è di ovatta, le montagne sono di cartapesta. È tutto finto».

Fece studi discontinui. Le maestre erano stupite dei suoi temi: stentavano a credere che li avesse fatti da sola, tanto erano superiori alla sua età. Poi andò in America, si diplomò in psicologia, viaggiò e apprese molte lingue. Bella, colta, eccezionalmente intelligente, la malattia le negò la gioia di vivere.

Vedendola, anni dopo, sul suo letto di morte, mi chiedevo se fosse mai stata felice un giorno della sua vita. Bella creatura, nascosta, incompresa.

Le sorelle Rossetti in Albania.

Oretta Fiammetta e Benvenuta.

Benvenuta con la torta dei quattro anni.

53

Marina a Cigale,
Romano a una festa
da ballo, Ferruccio
ad Atene e Donatella
a Tirana.

Oretta a Leptis Magna,
Fiammetta a Roma e
Benvenuta a Valdisogno.

Cugini

CUGINI E ZII

Eravamo tanti in famiglia. In più, la nostra casa di Lussino ospitava spesso zii e cugini che allietavano le giornate e riempivano la sala da pranzo. Mi domando come facevamo a star seduti attorno al tavolo in dodici, quattordici, quindici e più. Con la guerra, si restrinse molto il numero dei convitati, per poi ridursi a noi soli di casa.

Di Ariele, figlio di zia Fausta, ho un ricordo lontanissimo, forse è soltanto un racconto che mi è stato fatto. Eravamo con i genitori in viaggio, da qualche parte. Sostando per riposare, in una locanda, avevano messo i bambini a dormire al piano di sopra: Ariele doveva avere cinque anni, io poco più di tre, Fiammetta due. Chiusero la finestra e ci lasciarono soli. Come al solito, Fiammetta si addormentò subito. Io ero sveglia e dissi ad Ariele: «Prendi quella brocca e buttala di sotto». Spaventato ma succubo, lui aprì la finestra ed eseguì. La brocca era grande e piena d'acqua. Si schiantò fragorosamente. I grandi corsero fuori e videro solo cocci e acqua. Corsero su per le scale. Io scendevo tranquillamente. Dissi: A caduta una grossa bottiglia». Ariele piangeva, nascosto dietro la porta. Fiammetta continuava a dormire.

Rivedemmo Ariele qualche altra volta: sua mamma l'aveva portato a Lussino per le vacanze, prima di partire con lui per l'America. Era buono e tranquillo e partecipava ai nostri giochi con una certa cautela. Probabilmente l'episodio della brocca lo aveva segnato in qualche modo e reso guardingo nei nostri confronti. Quando restavamo fuori fino all'ora di cena, lui ci veniva incontro gridando: «Presto, presto, lo zio Carlo è arrabbiatissimo! Lo zio Carlo ha la faccia tutta a righette! ». Aver la faccia a righette significava per Ariele essere al colmo del furore, come si vedeva nelle vignette della "Settimana Enigmistica". Quando andò in America, prese il nome della madre, Mengarini. Fece studi brillanti e diventò medico psichiatra, a New York.

I cugini Rossetti, Gusti, Paolo ed Emanuele, figli dello zio Roberto, erano belli e misteriosi. Venivano dal Cairo, frequentavano l'esclusivo collegio di Mondragone, nelle colline vicino a Roma. Avevano cercato d'insegnarci a giocare a golf. Ogni tanto parlavano fra loro in arabo. Esseri superiori. Avevano per la bella madre Ninette, greca, una autentica venerazione. Le facevano il baciamano, le parlavano con deferenza. Lei ricambiava con tranquilla dolcezza. Dei tre figli, Paolo era il più bello: occhi vellutati, lunghe ciglia. Suonava il pianoforte a orecchio, con dita leggere. In guerra, sul fronte africano, aveva contratto l'ameba. Andavamo a trovarlo in ospedale, noi cugine più uno stuolo di ammiratrici. Entrò un infermiere, chiese rispettosamente: «Signor tenente, abbiamo fatto le nostre feci?» Il club di ammiratrici si dileguò in silenzio. Guarito, e terminata la guerra, si sposò con Noretta Cosulich e fu il terzo matrimonio lussignano della famiglia. Di loro mi ricordo un'estate in montagna. I nonni Rossetti e Cosulich erano venuti ad ammirare la primogenita Emanuela. Lo zio Roberto, seduto al tavolino di un bar, sotto una pila di libri e giornali. Vestito di grigio, feltro grigio, sigaro. In piedi, il consuocero Guido, abbronzatissimo, maglietta polo, calzettoni bianchi. Si guardavano con curiosità. Venivano da due pianeti distanti. Le due nonne, troppo belle, troppo eleganti, troppo prime donne. Nella cerchia estatica, la bimba sorrideva a tutti.
La cugina Paola era figlia della zia Maria, sorella di papà.

Avendo quattro anni meno di Donatella e quattro più di me, era una personcina difficile da classificare: non apparteneva ai grandi né ai piccoli. Aveva due grosse trecce attorno alle orecchie che le facevano il viso minuto. Sua mamma l'aveva lasciata ospite da noi un'estate, malvolentieri, conoscendo la nostra fama di famiglia un po' vivace. Lei era gentile e timida. Un giorno Donatella e Ferruccio la colsero di sorpresa e le tagliarono una delle gloriose trecce. La diffidenza della zia aumentò; a Paola venne sconsigliato di frequentare parenti così balordi, almeno durante le vacanze. Aveva un fratello maggiore, Vittorio. Entrò giovane negli affari.Noi lo abbiamo visto raramente.

Adolfo e Maria Sofia (e solo più tardi Letizia) sono stati i cugini della nostra infanzia. I veri cugini, gli amici di tutti i giorni. Ricordo un periodo di grande gioia, quando tutti e quattro ci ammalammo di pertosse. Passati i primi giorni di febbre, fummo tenuti lontani dalla scuola sei settimane. Che giorni di vacanza! Zia Mimmina ci portava a Villa Borghese: giocavamo a rubabandiera, a guerra francese, mangiavamo fette di cocco e lupini che compravamo sulle bancarelle.

Fiammetta e io andavamo a scuola dalle suore. Non che in famiglia si fosse particolarmente osservanti: la mamma, figlia di un'intellettuale ebrea e di uno scienziato di idee liberali, era agnostica. Papà si professava cattolico, ma blandamente, come si usava una volta. Noi figli siamo stati educati nel rispetto della Chiesa e abbiamo frequentato, nei primi anni, scuole tenute da religiosi: anche quello era un uso nelle famiglie della borghesia.

I cugini, loro, andavano alla scuola pubblica e ci raccontavano cose da far rabbrividire. L'amica del cuore di Maria Sofia si chiamava Cucuzza; e già questo ci sembrava sconveniente: le nostre compagne avevano nomi più patrizi. Un giorno questa Cucuzza disse: «Maestra, mio fratello è tanto cattivo. Dice che a lui del Signore nun je ne frega niente, allora mamma je mena con la ciavatta». C'erano tutti gli ingredienti dell'orrore: il vernacolo, il vilipendio alla religione, la ciabatta; e il nome Cucuzza. Diversi anni dopo, toccò a Letizia andare a scuola. Era bionda e rosea come un angiolo. La maestra disse una mattina: «Apriamo le finestre, bambine, c'è aria cattiva». Letizia si alzò e disse coraggiosamente: «Sono io che puzzo. Mamma dice sempre che se non mi lavo puzzerò e nessuno vorrà stare vicino a me». Cose simili, dalle nostre suore, erano impensabili.

Letizia era piccolissima: dodici anni meno di me! Giocava con Benvenuta: vivevano in un loro mondo. Le guardavamo con una vaga, remota simpatia: irrimediabilmente piccolissime.

La vera estate, a Cigale, incominciava solo quando arrivavano i cugini. I bagni, i gelati, la pesca, le partite a carte, solo con loro. Le gite, le poesie, le recite, sempre con loro. La domenica, zia Mimmina ci portava a Messa tutti e quattro. Digiuni e disturbati da scarpe e calze. Sulla via del ritorno, la litigiosità dei cugini ci contagiava. Mimmina diceva placida: «Ecco i cari angioletti incattiviti dalla santa Messa». Arrivati a casa, ci si precipitava nel grande tinello a far colazione. Maria Sofia chiedeva: «Come lo prendi l'uovo, Oretta?». «Al tegamino.» «Pur'io, pur'io!» strillava Sofia. All'ultimo minuto dicevo: «No, io lo prendo strapazzato». E lei piangeva. E il giorno dopo, daccapo. «Come lo prendi l'uovo, Oretta?». «Strapazzato.» «Pur'io, pur'io!» Ma io lo prendevo alla coque. Aveva cinque anni, io dieci. Poi diventò contessa, ma soprattutto diventò una donna eccezionale. Conserva la stessa faccetta di allora e ogni volta che la vedo mi sembra di sentirla strillare «Pur'io, pur'io!». Adolfo non strillava, era quieto e assorto. Faceva dei giochi che lui solo conosceva. Diceva: «Ho inventato un macchinetto». Somaro, a scuola. Molto intelligente e spiritoso. Sporco. Mimmina gli sibilava sottovoce, ma tutti sentivamo: «Adolfo, le orecchie! !». Sornione. Ferruccio a tavola: «Guarda Adolfo che le patate fritte piacciono a tutti». «Mai quanto a me», e si riserviva tranquillo. Nel settembre del '43, quando i Tedeschi occuparono Roma, sulla città calò la paura. Adolfo aveva diciannove anni. Mimmina fece l'impossibile per farlo arruolare nei Carabinieri. Pen-

Zia Mimmina

sava che sarebbe stato al sicuro. La mattina in cui mise piede in caserma, questa fu circondata e le reclute furono spedite in Germania. Ritornò due anni dopo, stremato dalla prigionia. La mamma lo portò da vari medici, lo mise all'ingrasso. Un giorno, all'uscita dall'ennesimo consulto medico, disse con la solita calma: «Non sono ammalato. Solo, mi sono sposato e non volevo dirve-lo». Sposato! Con un'ausiliaria americana, divorziata, di quindici anni più vecchia. L'aveva colto appena uscito dal lager, passerotto spiumato. Sciogliere un matrimonio era tutt'altro che facile. Con molte lacrime e molte preghiere, Mimmina ci riuscì. Più tardi Adolfo iniziò

61

una nuova famiglia e una bella carriera a Washington.

Gli zii Mimmina e Alfredo formavano una coppia straordinaria. Erano spiritosi, coltissimi, pieni di brio; il loro ottimismo era contagioso. In più, Mimmina aveva un carattere d'oro, solare. Sempre pronta al sorriso, sempre disponibile a soccorrere, a curare, ad asciugare una lacrima. È stata per noi orfane una mamma. È stata la confidente e la consigliera dei nostri primi amori. La sua bontà era travolgente, assolveva tutti. Accettava con indulgenza le traversie della vita, così come le marachelle del marito, che pure non gliene risparmiava. Alfredo, bell'uomo, più giovane di tre anni, aveva l'eloquio brillante dell'avvocato, il piglio da protagonista. Per i miei sedici anni mi disse: «Fatti bella, ti porto a cena fuori». La mia prima cena fuori! Avevo un vestito di organza, ero eccitata. Andammo in un ristorante di lusso. Si fece portare il carrello degli antipasti. Disse al cameriere: «Questi sono gli antipasti che servite? Dico, QUESTI, sono i vostri antipasti? Mi chiami il direttore». Si divertì a fare una scenata travolgente. Dai tavoli vicini tutti ci guardavano. Nel mio vestito di organza, volevo sparire. «Via, cocca, andiamocene». Mi portò in un altro ristorante, dove gli antipasti furono di suo gradimento, ma intanto la cena dei miei sedici anni era andata in cenere. Qualche mese più tardi, la mattina del funerale della mamma, la casa sembrava un formicaio devastato. Telefonarono dal negozio Richard-Ginori, per un conto rimasto in sospeso. Alfredo prese il ricevitore. «Lei mi viene a parlare di tazze da pagare? Mi faccia capire: in una casa piombata nel lutto, lei ha il coraggio di parlare di tazze da tè? Un minimo di decenza il vostro negozio potrebbe averla, con tutte le pretese che ha.» E via di questo passo. Non penso che la poverina abbia mandato il conto.

Ogni estate, andava una settimana a Venezia. Da solo.
Cosa che scandalizzava i grandi e riempiva noi di ammirazione. Aveva dei sontuosi completi di flanella bianca, di
seta beige. Era un essere meraviglioso, per me. E sempre

Zio Alfredino

giovane. Gli altri invecchiavano, lui no.

Maria Tecla e Ludovico venivano anche loro in vacanza
da noi. Figli di una cugina di Mamma, Claudia. Creatura
squisita e malinconica: almeno così la ricordo. Maria Tecla
era molto alta e molto bella. Molto ammirata. In confronto
Ludovico, detto Lulù, sembrava un po' impacciato, tituban-
te. Forse anche lui, come il cugino Ariele, temeva la scapi-
gliata vivacità di quei numerosi ragazzi Rossetti. E dei loro
numerosissimi amici. Maria Tecla, altera e aristocratica,
finì per sposare un comune signor Patella, che Romano e
Ferruccio per dileggio, o per gelosia di cugini, ribattezza-

rono subito "Il signor Pellacchia". Ludovico lo vedemmo ancora, in vacanza, a Roma, durante la guerra. Quanto a Maria Tecla, partita al braccio del suo signor Pellacchia, fu persa di vista.

DOMESTICHE

È una categoria scomparsa. I nostri figlie e nipoti conoscono delle signore che una o più volte alla settimana vengono a fare le pulizie. Un tempo vivevano nelle famiglie e vi restavano per anni, decenni. Qualcuna si sposava, altre tornavano al paese appena messo da parte qualche soldo, altre rimanevano e facevano parte della famiglia. In casa Rossetti, secondo le annate, secondo che le vacche fossero grasse o magre, se ne contavano da due a cinque.

Un'antica Pia, di quando ero bambina, veniva dal Casentino. Essendo di gerarchia superiore a una cameriera ma inferiore a una governante, era scostante e boriosa. Richiesta di qualche servizio che riteneva indegno del suo status, eseguiva sbuffando e concludeva: «Guardi che io non ce la fo più, eh. La mi tocchi qui, son tutta in acqua». Come molti toscani era convinta di parlare l'unica vera lingua. Verso le parole che non conosceva nutriva un vigoroso disprezzo. La signora Tarabocchia che era un'autorità a Lussino, moglie del podestà, veniva liquidata con sufficienza. «Quella Scarabocchi, Scarabicchi, so assai io come dihan loro.» Spesso si offendeva e minacciava di licenziarsi. «O lo sapete che v'ho da dì?» ci interpellava stizzita. «Io mi piglio il mi cappelluccio e me ne torno a Poppi.» Frase che diventò proverbiale in famiglia. Invece continuò ad affliggerci per diversi anni prima che la si potesse rispedire alla natia Poppi. E non fu finita. Andandosene, piantò non so quale grana, o causa, credo per motivi di denaro. I genitori vi accennavano con amarezza: «Quella Pia, non smetterà mai di tormentarci». Infine il Casentino se la riprese e cessò il tormento.

Selene era istruita e amava l'istruzione. Le piaceva la

nostra casa piena di libri. Non ci disprezzava, come in genere facevano le altre, per le tazzine scompagnate e i rammendi nella biancheria di casa. La "cultura" ci assolveva dalle nostre manchevolezze. Eravamo una razza d'intellettuali, strani ma interessanti. In un giorno di libera uscita, andò a sentire una conferenza di papà. Alla fine, gli prese dal guardaroba il cappotto. Lui non la riconobbe, vestita in borghese ed elegante com'era. «Signora, guardi che quel cappotto è mio!» gridò allarmato. «Ma Eccellenza, volevo aiutarla ad indossarlo.» E lui stupito e imbarazzato: «Ma le pare, signora, non si disturbi». E lei, altrettanto stupita, offesa: «Sono Selene!» gridò, facendo voltare la gente a quel nome inconsueto. La sera servendo in tavola, commentò compiaciuta: «Vostro padre è proprio un professore distratto».

Negli anni di guerra abbiamo avuto una Vita. Piccola di statura, quasi nana, ma attivissima e tanto ottimista da giustificare il suo nome. Si dava da fare per saziare con poco o nulla le sette persone che eravamo. Le dicevo: «Vita, ho fame». Con gesto invitante, indicava la moscheruola e proponeva: «Prenda quello che vuole». Antenata povera del frigorifero, la moscheruola era un mobiletto con i bordi di legno e le pareti di rete, che stava appeso sul balcone della cucina. Vi venivano riposti gli avanzi. Quanto al prendere quello che volevo, la scelta si limitava a una mezza melanzana ammosciata del giorno prima, o a un po' di cicoria senza condimento. A tavola, guardavo la minestra, un'acquetta in cui nuotava qualche ditalino di pasta ed ero triste. Lei mi incoraggiava. «Aspetti, signorina, mica di minestra deve saziarsi. Aspetti il secondo.» Poi arrivava il secondo: certe polpette che lei riusciva a fare non si sa come, con pochi avanzi di carne, bucce di piselli, qualche crosta di pane. Non erano nemmeno cattive, ma sottili, larghe e sottili come fogli di carta. Ero ancora più triste e lei diceva: «Mica di carne dovete saziarvi, avete già avuto la minestra». Io credevo che ci prendesse in giro e invece lei si sforzava di accontentarci. Sarebbe stata un'ottima cuoca, Vita, se appena avesse avuto gli ingredienti per mostrare la sua abilità. Destino della famiglia, veder sprecati i talenti, anche di una cuoca.

Finita la guerra, assieme agli alleati arrivò la cameriera Rosa. Era distinta: vestiva di nero con grembiule bianco, abitudine che durante le guerra si era persa. Aveva servito in Ambasciate e case primarie. Pare che l'Ambasciatore le dicesse: «Rosa, lei è una vera signora». O era la contessa a lodarla: «Rosa, col vestitino nero e un filo di perle, sei meglio di una marchesa». Peccato che tanta signorilità nascondesse una seria magagna: Rosa non aveva la testa a posto. Ce ne siamo accorti presto. Aveva portato in tavola la minestra, quella minestra di piselli secchi che è stata la protagonista alimentare del nostro dopoguerra. Tornata in cucina, si affacciò al balcone e rivolgendosi a un improbabile pubblico di simpatizzanti, si mise a gridare: «Guardate tutti! In una casa di signori, guardate cosa si dà da mangiare alla servitù!». E rovesciò la pentola in cortile, col rischio di annaffiare qualcuno. Toccò a me andare a parlamentare in cucina. Le dissi con sentimento che quello che aveva i buttato via era lo stesso cibo che ci aveva ammannito poco prima. Come risposta, mi arrivò rapidissimo un ceffone. Ripensandoci, deve essere stato l'unico schiaffo che ho ricevuto in vita mia. Con la guancia rossa tornai di là e azzardai una diagnosi: «Rosina è pazza». Si cominciò a guardarla con apprensione. Un giorno, anzi una notte, piombò in camera di Marina con un coltello in mano. Si inginocchiò e disse: «Signorina, lei è l'unica persona perbene in questa casa, mi ammazzi». E le porgeva il coltello. Passato il primo spavento, che deve essere stato notevole, Marina fece appello al suo tatto, scarso, per cercare di convincerla a desistere e ritornare nella sua camera. Fu difficile e penoso allontanarla. Per fortuna venne trovata una sorella che accettò di prendersene cura. E se ne andò piangente e discinta, lei che aveva servito in casa delle contesse col vestitino nero e il filo di perle; povera Rosa.

Felicetta era nata sotto una buona stella. Di famiglia poverissima avellinese, era andata a scuola fino alla seconda elementare. Poi i genitori l'avevano presa in casa perché si occupasse dei fratelli, che erano, se ricordo bene, otto. Le era rimasto un rimpianto per gli studi interrotti. Entrata in servizio da noi, la domenica e il giovedì andava dalle suore a studiare per riuscire a ottenere la sospirata licenza elementare. E la ottenne. Un giorno, tornando dal mercato, fu avvicinata da un giovane che le disse: «Signorina, vorrei fidanzarmi con lei». Colpo di fulmine o risultato di un discreto pedinamento. Lei rispose: «Io sono una ragazza seria. Se voi avete intenzioni serie, dovete venire a parlare con i miei padroni». E quello venne e toccò a Marina recitare la parte di madre della sposa. Appurato che le intenzioni del giovanotto erano veramente serie, dové discutere, con quel po' di senso pratico che aveva, di dettagli economici, logistici eccetera. Si sposarono e fu un matrimonio felice. La famiglia ci rimise la brava Felicetta e in più dovette partecipare alla festa di nozze, uno di quei banchetti che durano sei ore e nei quali le pietanze ti vengono perentoriamente messe nel piatto, sicché non hai scampo.

Poi c'è stata Bonaria, sarda e ombrosa. Se qualcuno le chiedeva: «Bonaria, ha forse visto la mia sciarpa blu?», si incupiva. «Io non ho visto niente. Io le giuro che non l'ho presa. Io non sapevo nemmeno che lei avesse una sciarpa.» Così nessuno le chiedeva più niente e il nostro disordine si espandeva incontrollato.

E poi Argentina, subito chiamata "del tango la regina"; legnosa e arcigna. «Comunista...» sospirava papà allarmato. «Bolscevica.» Non saprei. Era taciturna e ci guardava senza simpatia, questo sì. Credo sia stata l'ultima della lunga serie di domestiche "fisse".

Incominciò l'epoca delle donne a ore. Alle altre, alle prime, abbiamo legato i ricordi dell'infanzia e della giovinezza e la nostalgia per un tipo umano ormai consegnato al passato.

CASE

Le prime sono state a Budapest, poi in Austria, sul lago di Millstatt. Ma i ricordi cominciano a Merano. Lì avevamo una bella casa, Villa Augusta. Ci siamo stati quattro anni, mentre papà viaggiava in Europa, per conto della Società delle Nazioni. Vi erano stufe di maiolica, di colore diverso per ogni stanza. Contro una di queste, bruciai metà del mio vestito. Al vedere il disastro, Fiammetta scoppiò in lacrime. Tocco poi a me piangere, quando proprio lei mi procurò il primo dolore della mia vita. Ero andata dal dentista (in casa Rossetti si cominciava presto a soffrire di denti). Siccome ero stata brava, quel dottore mi regalò una bambola: un meraviglioso bambolotto di sapone, con i calzoncini verdi, le nappine rosse sulle calze e il cappello tirolese. Fiammetta lo mise nell'acqua del bagno. Dovetti perdonarla perché era piccola e scema, ma la vista del mio bambolotto ridotto a una larva biancastra e molle mi fu straziante.

La casa aveva un giardino attorno. Io ci andavo con la bambinaia a cogliere le uova: mi sembrava che le galline le nascondessero apposta per il mio divertimento. Papà ricevette dal vicino la seguente lettera: "Vostra eccellenza tiene alle sue dipendenze un gallo che, con le ripetute strida, disturba gravemente il vicinato". La so a memoria perché lui si divertiva a leggerla e rileggerla. Quanto al gallo, credo che abbia continuato a stridere, impunemente, a lungo.

A Merano ho cominciato ad andare a scuola: una cosa molto interessante. Un pomeriggio, siccome tardavano a venirmi a prendere, me ne tornai a casa da sola. Ero stupita del loro stupore. Papà mi accompagnava in automobile a pattinare sul ghiaccio. Vestiva uno spolverino grigio e in

Oretta e Fiammetta
a Merano

71

testa portava una cuffia di tela bianca, per proteggersi dalla polvere delle strade. Mi faceva sedere accanto a lui e mi permetteva di suonare la tromba (antenata del clacson). Anche Fiammetta veniva con noi, ma non pattinava (poveretta) mentre le mie prodezze mi valsero una fotografia sulla "Domenica del Corriere": La più giovane pattinatrice d'Italia. Insomma, fu un periodo di gloria.

Poi, a Roma, siamo stati diversi anni in una casa di quattro piani, a via Varese. Molto divertente per noi. Non per la mamma: le scale la affaticavano. Al pianterreno c'erano sale e saloni; e l'immancabile salotto cinese. O coreano. E uno studio per papà e una biblioteca. Per tutto quello sfarzo c'era un modesto cessetto col lavandino di ghisa e il sapone di Marsiglia. Nella stanza da pranzo troneggiava un saliscendi che portava le vivande direttamente dalla cucina alla tavola. Era sempre una sorpresa scoprire cosa arrivava su. Quel portapranzi causò una specie di incidente diplomatico. Papà e mamma avevano una cena internazionale. La cuoca, patriottica, pensò bene di infilare sulla vetta di un dolce elaborato una bandiera tricolore. A Fiammetta e a me, che spiavamo dalle porte, non fu chiaro il perché dello scandalo. Personalmente trovavo quella bandierina, issata sul mont-blanc, piuttosto simpatica. Sempre in quella casa e sempre da quel portapranzi mi venne un dispiacere. Andavo in seconda elementare, avevo un'amica del cuore che era orfana e abitava come interna dalle suore. Io ero piena di affetto e di pietà per la poverina. Mamma disse «Invitala a casa, domenica pranzerà da noi e passerà la giornata con te». Venne e io cercai di farle festa come meglio potevo: la presentai ai fratelli grandi, le mostrai i miei giocattoli e gliene regalai uno. L'indomani, durante la ricreazione, una specie di prima della classe antipatica mi disse: «Tuo papà è ministro, avete lo chauffeur, e poi mangiate polenta». Rimasi perplessa, non capivo. In casa nostra la polenta era accolta con gioia quando la vedevamo comparire dal saliscendi. Papà aggiungeva sempre: «Certo che con la bagna cauda sarebbe ancora più buona». Non credo che l'abbia mai ottenuta, quella sua sospirata bagna cauda. Raccontai alla mamma quello che mi aveva detto la piccola strega. Perché era disdicevole mangiare polenta? Mi rispose che era considerato un cibo povero. Mi offesi, mi misi a piangere. In un attimo avevo imparato l'incomprensione dei grandi e la malignità dei piccoli. Per fortuna me ne dimenticai subito. Ma fra me e la mia amica un'ombra era scesa.

In via Varese, al primo piano c'erano le stanze dei genitori e delle bambine. Al secondo, le stanze dei ragazzi e delle ragazze. Per noi la meraviglia della casa era il sottosuolo: cucina, lavanderia, carbonaia, stanza delle domestiche, ripostigli, anfratti oscuri. Scendevamo in perlustrazione, Fiammetta e io, nonostante i divieti. Là una volta, giocando a nascondino, trovammo, seduta in uno stanzino buio, la lavandaia. Evidentemente, aspettava qualcosa o qualcuno. Il suo imbarazzo e il nostro stupore furono eguali. Là, potevamo osservare la sistemazione delle vivande sul montacarichi, per poi correre in sala da pranzo ad accoglierle. C'era anche un quinto piano, in quella casa, la terrazza sul tetto. Anche quella zona era proibita per noi; vi salivamo lo stesso. Giocando fra la biancheria stesa, ci capitò di vedere un paio di volte, lentissimo e immenso, lo Zeppelin, che solcava il cielo di Roma. Ebbe breve vita, quel dirigibile: presto non solcò più nessun cielo; lo ricordo come un'apparizione irreale.

Lasciammo a malincuore la bella casa e il suo giardino, dove a Pasqua cercavamo le uova. Si traslocò in un appartamento dalla parti di via Nomentana. Questo era lussuoso: aveva i soliti saloni e salotti, ma soprattutto aveva quattro bagni. E ognuno di colore diverso! Il nostro era rosa. Non mi piace ricordare quella casa perché lì mamma si ammalò e morì e ce ne andammo via presto. In via Ciro Menotti, al quartiere Prati. Un appartamento lunghissimo, con tutte le stanze in fila. Lì feci il liceo e l'università. Lì imparammo a fare il pane durante la guerra e a coprire le finestre di carta blu, quando venne l'obbligo dell'oscuramento. Lì, una volta cessato il coprifuoco, avevano luogo delle serate, in genere noiosissime. C'erano degli ammiragli, amici di papà, gli zii, altri che non ricordo. Veniva offerto un surrogato di caffè con saccarina e si faceva conversazione. Veramente la facevano loro la conversazione: noi ci annoiavamo un bel po'. Gli argomenti non erano quelli di attualità: non gli alleati, la monarchia, la repubblica, i primi processi politici, il carovita, le tessere annonarie. No, loro sfogavano lo spirito polemico su eventi remoti e lontani. Papà e zio Roberto erano i più accesi. Camminando su e giù per il salotto, discutevano, o piuttosto litigavano, o piuttosto si azzuffavano, a proposito del concilio di Trento, della guerra dai Boeri, delle tribù somale.

Il più facondo e il più agguerrito era senz'altro lo zio Roberto. La sua cultura era superiore a quella di papà. Ma identica la smania di alzare la voce. Una volta in cucina una domestica spaventata disse: «Succedono cose terribili, in salotto». Non pensava che fosse una piacevole conversazione. Una sera, mentre lo zio stava accalorandosi a proposito di san Pacomio, o san Pertinace, si sentì Donatella sussurrare alla cugina Paola: «Bello, questo cappotto». (Portavamo ancora i cappotti, in casa). Zio Roberto si interruppe di colpo. «Benissimo. allora parliamo di cappotti.» E si sedette offeso. Ci fu un silenzio: le colpevoli ostentavano morti-ficazione. Oltre a quelle serate incominciavamo ad avere qualche pomeriggio più divertente. Veniva offerta la solita tazzina misera. Ma eravamo fra giovani: si chiacchierava e si ballava. Un po' alla volta ritornavano gli amici, chi dalla guerra, chi dalla macchia. Mancavano quelli che erano ancora prigionieri, fra i quali Romano e Ferruccio. E quelli che non sarebbero più ritornati, inghiottiti sui vari fronti, o in mare, dall'orribile guerra.

Avevamo un grammofono, a manovella, che si scaricava subito. Oppure ero io a suonare la fisarmonica mentre gli altri ballavano. Lì si sposò Donatella e più tardi Ferruccio ed io. Da lì sono partita per il viaggio di nozze e ho lasciato Roma.

STUDI

Ho incominciato a Merano, dalle suore. Fiammetta restava a casa; la chiamavano la pupa. Mi compiacevo molto di andare a scuola. Si parlava un giorno italiano, un giorno tedesco e questo mi dava importanza. A casa al rientro, mamma diceva: «Vieni, andiamo a svegliare la pupa». Era meraviglioso essere adulta.

Poi a Roma abbiamo continuato in due, sempre dalle suore. Con i grembiuli bianchi e il cestino per il pranzo, tenendoci per mano, siamo state felici per due anni. Lei in prima e io in seconda. Poi lei in seconda e io in terza. Quel biennio benedetto cessò bruscamente. I genitori presero una decisione che influì non poco sulla nostra vita di bambine. Io fui spedita direttamente in quinta. A Fiammetta, giudicata un po' gracile, fu fatta ripetere la seconda. Ad un tratto ci trovammo separate da tre anni scolastici. Un abisso. Io, reduce dalla medaglia presa all'esame di terza, mi ritrovai sbalzata fra nuove compagne, umiliata da voti scadenti. Lei, suppongo, altrettanto umiliata e infelice, anche se non disse nulla.

Cambiammo scuola e suore. Queste ultime erano l'élite dell'insegnamento privato. Il loro istituto era frequentato da figlie di gerarchi, nobili o semplici milionari. I nostri cappotti, ereditati dai fratelli, con l'abbottonatura a sinistra (orrore), stonavano un bel po' con le toilettes delle compagne. Per fortuna il grembiule copriva ogni differenza di censo. Quelle suore erano decisamente snob. Papà le detestava. Perché ci mise là? La retta era spropositata. In più, le astute religiose avevano escogitato un sistema per farla aumentare. Durante la Quaresima, prima delle lezioni

Neosposi.

si andava in cappella. Lì, la Madre Superiora annunciava solennemente il nome di tre "giardiniere" e di tre "zelatrici" (le prime dovevano portare l'indomani dei fiori; le altre, del denaro). Giocando sullo spirito di emulazione delle alunne, ebbe sempre l'altare fiorito e la cassetta delle elemosine piena. Mio padre diceva: "Uno di questi giorni vado là e gliene dico quattro a quella Superiora. Le faccio una di quelle scenate...». Non vi andò mai, naturalmente, ma quella minaccia restò sospesa sulle nostre teste, finché non cambiammo scuola.

Cambiammo tutto. Papà fu trasferito in Albania per due anni. E noi dietro, tranne i fratelli grandi che restarono a Roma per gli studi. Roma e Tirana erano legate in quegli anni da stretti rapporti economici. La scuola che frequentò Fiammetta (l'unica a Tirana) era italiana e di ottimo livello, come in genere le scuole italiane all'estero. Vigeva in quegli anni la Befana Fascista. Avrebbe dovuto sostituire, penso, il Natale. A Tirana era particolarmente splendida. Non mi sono mai chiesta chi la finanziasse. Il partito? Un comitato di signore? Fatto sta che io ricevetti in regalo un pallone da calcio, di vero cuoio, con il quale scorrazzavo per casa, facendo danni. Fiammetta si ebbe un telaio per la "piccola tessitrice". La rivedo, mentre osserva perplessa il complicato strumento. Per le più piccole c'erano bambole, e cavallucci a dondolo per i maschietti. Tanta magnificenza era accompagnata da distribuzione di dolci e caramelle. Mentre Fiammetta se ne andava lietamente alla sua scuola elementare, io ero disoccupata. Non c'erano scuole medie. I Gesuiti tenevano un semiconvitto per i maschi e non ci fu verso di farmi ammettere. Suppongo che i genitori ne furono contrariati. Quanto a me, mi toccò inaspettatamente un anno di vacanza, una sorta di anno sabbatico per undicenne. Sarà vero che l'ozio genera vizio. Ma il mio non era ozio: era una continua scorribanda per le vie di Tirana, in compagnia di monelli (monelli albanesi), e generò vizi orribili, tenuto conto della giovane età, dell'educazione puritana e del lungo training dalle suore. Giravamo con le fionde: i bersagli preferiti erano le rare lampadine e le rarissime macchine che passavano per le strade polverose di Tirana, dove brulicavano mendicanti, storpi, bambini con gli occhi pieni di mosche. Qualche militare bighellonava al sole. Dalle bottegucce usciva un lezzo di carne di pecora. In quell'ambiente mi scatenavo e mi divertivo con la mia banda. Una volta con la fionda centrai un cardellino che cantava su un ramo. Cadde a terra stecchito. Lasciata la banda dei monelli, corsi dalla mamma piangendo. «Era così carino! cantava così bene! E ora è morto». Non aggiunsi che l'avevo ammazzato io.

Avevo anche spassi più altolocati: ero stata ammessa a giocare col nipote di re Zog, un ragazzetto di nove o dieci anni che vestiva da principe, con un cappello piumato e un abito di velluto, tutto sfrittellato. Facevamo giochi spericolati. Uno consisteva nel partire con le nostre biciclette da un capo e dall'altro di una specie di parco attorno alla reggia. Questa era una malandata costruzione che sorgeva sulla terra battuta e aveva alle finestre lamiere al posto dei vetri, con un foro per lasciar uscire il fumo dai camini. Vicino c'era il palazzo della regina madre. Da lì usciva la stessa, ogni mattina, scortata da due soldati. Portava il pranzo al re, cucinato dalle sue mani e pertanto fidato. Erano tempi bui, in Albania. Nel nostro gioco dovevamo scontrarci a tutta velocità con le biciclette. Ci riuscimmo una volta sola e rovinammo per terra. Il principino fu subito soccorso da due soldati. Io me ne tornai mestamente a casa, tutta sbucciata e con la bicicletta ridotta un rottame. Arrivai che la famiglia stava a pranzo. Prima colpa: il ritardo. Per la puntualità all'ora dei pasti papà era inflessibile. Ricordo degli anni di Accademia? Seconda colpa: la bicicletta distrutta. I genitori parlarono fra di loro, ignorandomi: «Questa bambina bisognerà metterla in collegio, quanto prima». Diventò un ritornello, questa storia del collegio, un semplice ritornello. E continuai nella vita scapestrata, a caccia di rane, di topi. Rubammo delle caramelle nell'unica pasticceria di Tirana, che si chiamava "La bella Venezia" ed era frequentata dall'élite italiana e straniera. Roba da riformatorio.

Papà aveva un autista (allora si diceva chauffeur) di nome Ramis. Era un tipo sveglio, che parlva bene l'italiano, come molti albanesi. Avrebbe dovuto farmi un po' da guida e da precettore. E controllare la mia sfrenatezza. Lui si limitava a insegnarmi il funzionamento del motore a scoppio. Inoltre mi raccontava storie interessanti di faide e vendette tra albanesi, turchi e greci. Purtroppo le ho dimenticate. Tranne una, che mi aveva colpito. «Ricordati» mi diceva, «se incontri un lupo e un greco e hai solo una pallottola in canna, non sparare al lupo.» Evidentemente non aveva simpatia per i greci. E doveva pensare che io, a undici anni, fossi in possesso di un'arma.

Quell'allegro periodo di dissipazione finì bruscamente l'autunno successivo quando, dopo un lungo carteggio con Roma, i genitori ebbero l'autorizzazione a farmi frequentare l'istituto dei Gesuiti. Grembiule, orari severissimi, studi intensi, silenzio durante la ricreazione. Dalle finestre guardavo la campagna dei miei giorni spensierati. Ero in prigione. Però imparai il latino. Anzi, quel po' di latino che so lo imparai lì, durante le lunghe ore di prigionia. Arrivarono, quei padri, a farci parlare in latino fra di noi alunni.

R. LICEO GINNASIO "GIULIO CESARE„
ROMA

Studio Fotografico   ANNO SCOLASTICO 1938-39 - XVII   Via dell'Arco de' Ginnasi, 3
FILIPPO REALE   Telef. 65-922   ROMA

Tornammo a Roma, e io ebbi un'altra scuola, pubblica, finalmente. Mi toccò una classe di cinquanta alunne. Dopo le suore di Merano e Roma, dopo l'anno sabbatico per le strade di Tirana, dopo il rigore dei Gesuiti, fu un'esperienza dura. Annaspavo tra quella folla, sperando in un viso che mi fosse amico. Cominciai a naufragare lentamente. Sempre più giù. Sentivo arrivare la bocciatura. Aggrappandomi con disperazione sul fondo della classifica, riuscii ad avere solo due esami: latino e greco. Scrisse la mamma di un'amica lussignana: "Sembra che una delle bambine Rossetti sia stata rimandata". Un avvenimento! Papà disse: «Sei la vergogna della famiglia, dovremo metterti in collegio». I nostri studi non erano seguiti con molta partecipazione dai genitori. Il miglior compito della classe? «Hai fatto solo il tuo dovere». Un 4 in latino? «Sei la vergogna della famiglia»: più che un giudizio, era un commento, un bonario refrain. Desolante fu invece l'esperienza di un intero agosto passato a Roma da sola, in compagnia di una cuoca e con lezioni quotidiane impartite da un salesiano. Non lo ascoltavo. Mi intristivo pensando ai miei che si godevano la dolce isola delle vacanze. Mi pareva di sentirli. Me la cavai, a ottobre, per un soffio.

Poi iniziò la risalita, che si concluse con un'onorevole maturità. Duro, assurdo esame, irto di quasi tutto lo scibile. L'ultimo, prima delle limitazioni allo studio imposte dall'entrata in guerra. Tre anni dopo Fiammetta si diplomò per scrutinio. Dio santo! Un maturità classica ottenuta per scrutinio! E io? Io che avevo dovuto ingozzarmi freneticamente Omero, la trigonometria e tutto il resto? Colmo d'irrisione, quei due anni saltati alle elementari lasciarono lacune ancora oggi incolmate. Se non conosco gli affluenti del Po e i nomi delle Alpi, se confondo il Mar Nero col Mar Caspio e l'apotema con l'ipotenusa, la colpa è tutta di quei due anni perduti. Proprio quelli, credo.

Mi iscrissi all'università e frequentai più o meno tre anni. Ma la guerra incombeva. Poi incominciarono le file per il pane, per l'olio. Le file per le tessere annonarie. Le file davanti al forno, davanti alle fontanelle dell'acqua. Chiusero l'università. Ci fu la fame e il freddo. La desolazione.

Finita a Roma la guerra, ripresi a studiare. Ma ero stanca. Dimagrivo. Disse il medico: «Esaurimento nervoso, deperimento organico». Allora mi diedero da ingoiare uova (comperate al mercato nero). Una, due, tre al giorno. Diventai gialla. Disse il medico: «Itterizia». Mi fecero delle iniezioni; poi fui mandata a Monte Mario, per la convalescenza, da certe simpatiche suore francesi che avevano ospitato ebrei, famiglie in fuga, stranieri senza documenti. Lì ripresi a studiare, con poca lena. Una noia! Ogni tanto veniva a trovarmi qualche sorella che sfuggiva all'afa di Roma. A Marina le monache, chiuse a ogni forma di humour, riservavano una certa diffidenza. «Alquanto originale tua sorella, vero?» Fiammetta non aveva da studiare e si annoiava. Leggeva "Guerra e Pace". Benvenuta schiacciava i pinoli caduti dalle alte volte dei pini romani, sotto lo sguardo disapprovante della portinaia. Donatella passeggiava col fidanzato. Quanto a me, le care suore mi avevano adocchiato. Volevo entrare in un angolo riservato del giardino. Alzavano un dito: «Eh no. Là entrerai quando avrai la cuffietta di postulante». Suonavo l'armonium nella cappella. «Che gioia, quando lo suonerai tutti i giorni per noi.» Terminai rapidamente la tesi di laurea, anche per sfuggire a quella affettuosa persecuzione. Gli ultimi giorni a Monte Mario furono insopportabili per il caldo. Nel refettorio afoso e ronzante di mosche, accanto alla brocca dell'acqua tiepida, c'era una zuppa di ceci di triste colore. *«Rien de tel contre la chaleur!»* esclamava invitante la suora.

Tornai a Roma sullo scooter di un soldato americano. Il primo scooter che vedevo e mi sembrava così piccolo, un giocattolo. Mi laureai qualche giorno dopo: era l'agosto del '45. Non c'era più e non c'era ancora un'autorità in nome di chi potessi ottenere il diploma. Però i professori, smessa la camicia nera, avevano rispolverato le toghe. E il bidello era tornato al "lei" ("spagnolesco e servile pronome", lo aveva bollato il fascismo). In vista di una mancia, enunciò solennemente: «Dottoressa, mi permetta di rallegrarmi con LEI».

VILLA MALEPARTUS
Besitzer: József Madarász
CIGALE bei Lussinpiccolo, Istrien (Italien)

La pensione Malepartus a Cigale - Lussinpiccolo ai primi del Novecento, nel 1927 e infine nel 1936, ormai diventata Valdisogno.

LE VACANZE

Perché proprio a Lussino? Di preciso non lo so. Credo
sia stato un amico di mio padre a parlargli di quella bella
isola in Dalmazia, di quella bella pensione di quella coppia
di albergatori tanto gentili. Deciso; e partiti tutti, spensieratamente. Viaggio lungo e scomodo, da Merano a Lussino
con l'arrivo di notte. A piedi e al buio, perché il taxi ci
lasciò lontano dalla pensione e perché alle 23 veniva tolta
la luce. «Paese di selvaggi!» Papà giurava che l'indomani
si sarebbe partiti subito. Via, via. La mamma era stanca e
noi dietro, e le domestiche, e il cane, e i bagagli. La mattina
dopo, aperte le finestre, i genitori videro la baia di Cigale
splendere tra i pini. E restammo. Alla fine dell'estate papà
comperò la pensione dai proprietari ungheresi, indebitati
e un po' truffaldini. La comperò a un prezzo stimato più
in base al suo entusiasmo che al reale valore. La comperò
completa di mobilio, vasellame, biancheria e tutto. «Vor-
remmo soltanto prendere con noi gli album di ricordi della
nonna» dissero i due ipocriti. Quando ritornammo, l'estate
successiva, si trovò che avevano portato via l'argenteria, il
vasellame, persino il pianoforte. I ricordi della nonna ce li
avevano lasciati.

Così cominciarono le lunghe vacanze nell'isola. Così,
più tardi, cambiò il nostro destino. La famiglia romano-
piemontese, piena di libri, di ospiti, di confusione e di spese
dissennate, si intrecciò con famiglie lussignane, laboriose,
avare di parole, parsimoniose. Lussino entrò nella nostra
vita.

Con la guerra, sparì la casa, sparirono diciotto letti e
diciotto materassi, sparirono le ore dell'infanzia e della

giovinezza. E restò la memoria.

La casa, affacciata sul mare, si era chiamata "Pension Malepartus". Fu ribattezzata "Valdisogno". Aveva un giardino intorno, con agavi, oleandri e pini. Mio padre si improvvisò agronomo e ordinò cataloghi e manuali. Si fece spedire da Padova trenta alberelli da frutto. L'anno dopo erano morti tutti. A difetto dell'acqua corrente, l'agronomo aveva affidato alle piogge, scarse sull'isola, il compito di farli crescere rigogliosi.

In tutto, disponevamo di una cisterna che doveva bastare per dar da bere e da mangiare, lavare piatti e persone. Infatti non bastava; e spesso si doveva ricorrere a una nave-cisterna della marina militare, che dalla terraferma veniva a rifornire la popolazione assetata. Quando la nave arrivava, era giorno di festa per le domestiche e i bambini. I marinai, andando e venendo, allacciando tubi e aprendo rubinetti, portavano assieme all'acqua la loro gioventù, le risate, i loro accenti coloriti. Acqua a pagamento, naturalmente. Destinata agli indispensabili usi di casa, non a ipotetici peschi e meli.

Accantonate le speranze del frutteto, papà si mise a coltivare con passione piante grasse. Queste richiedevano pochissima acqua e dunque prosperavano. A noi bambine erano odiose. Ci toccava trasportarle su vassoi di ghiaia, ora al sole, ora all'ombra. E pungevano a tradimento. Raramente qualcuna fioriva. Papà chiamava: «Venite a vedere, l'euforbia ha un fiore!» Noi davamo appena un'occhiata di traverso. La fioritura, quella vera, ce la dava la siepe di oleandri, rossi, rosa, violetti, che era il nostro orgoglio; non quelle misere cose spinose che piacevano tanto a nostro padre. Un cactus cresceva sotto la nostra finestra. Senza fiori, senza frutti, aveva solo spine. Mettevamo i nostri costumi da bagno ad asciugare a un gancio della persiana.

Un soffio di vento e quelli piombavano giù, sul cactus. I costumi da bagno della nostra infanzia erano di lana, infeltriti, duri di sale perché mal sciacquati. Impiegavano giornate per asciugarsi. Cadendo sulle spine davano il tocco finale al nostro scoraggiamento. I bambini di oggi, con i loro slip di nylon, non sanno la loro fortuna.

Noialtre, da bambine, in costume da bagno eravamo ispide, nere e magre. Le cugine, invece, bionde e rose, sembravano due angioletti. A una signora che la complimentava per la bellezza delle sue bimbe, zia Mimmina disse: «Sì certo, sono carucce. Ma anche quei due vermetti neri diventeranno un giorno splendide farfalle». I vermetti neri ascoltavano in silenzio, un po' mortificati.

La soffitta dell'ex pensione era per noi due un terreno che non si finiva mai di esplorare. Vi passavamo delle ore, arroventate dal tetto d'ardesia che incombeva sul basso soffitto. Frugando nei mobili e nei bauli, trovammo una cassa piena di sputacchiere bianche. Ci sembrò un'idea simpatica scaraventarle una ad una in acqua, come piattelli. Scomparvero nel mare fondo del tramonto. Il mattino dopo ci fu chiaro purtroppo che il mare non era fondo per niente: quei piatti bianchi adagiati sulla sabbia mandavano raggi abbaglianti. Li guardavamo inquiete, quando i genitori aprirono la finestra della loro stanza e videro il disastro. Convocate, sgridate e subito spedite al recupero delle sciagurate sputacchiere. Quasi tutte risalirono a galla, tranne un paio che fu impossibile tirar su. Restarono a testimoniare la nostra onta e a rinverdire ulteriori rimproveri finché, sempre meno abbaglianti, finirono per confondersi con le alghe e la nostra coscienza tornò pulita.

I bagni di mare a Cigale, credo proprio fossero i più belli del mondo. I pini arrivavano fino all'acqua. C'erano sedie a sdraio per i grandi, moletti e trampolini per noi.

All'inizio, come si vede nella prima fotografia, non c'era il trampolino. Appena un'assicella, per i pescatori. Il nostro papà ne fece costruire uno bello, molleggiato, che permetteva tuffi complicati. Vi stavamo sopra in tanti, sempre di più e facevamo giochi spericolati. Accadeva che alla fine dell'estate finisse sfasciato. Papà, tanto indulgente, si arrabbiava. Era una spesa farlo riparare; e santo cielo non potevamo fare un po' d'attenzione? Poi si rassegnava e chiamava un abile carpentiere, il signor Bertogna. Insieme studiavamo come come rendere il trampolino più resistente ai nostri assalti. Ma l'estate successiva si rompeva di nuovo.

Uno dei più scatenati fruitori e guastatori era Mucky. (Più tardi diventò mio cognato). Lui le pensava tutte: arrivava, pedalando furiosamente e si scaraventava in acqua con tutta la bicicletta. Oppure si prendeva in spalla un grappolo di bambinetti urlanti e si buttava giù con loro. Strillavano impauriti, perché non sapevano nuotare. Ma di lui si fidavano. Era un ragazzone alto, allegro. Qualche volta veniva tutto vestito, col cappello e il giornale e fingeva di cadere in acqua.

O ancora tirava fuori chissà come un panino e una birra e se li consumava tranquillamente, come se fosse seduto al bar anziché in mare. Una mattina che stava arrampicato sopra un alto susino, una cameriera gli chiese: «Signorino, già che è lassù, può cogliere un po' di frutta per tavola?». «Non sono un signorino» fu la risposta. «Sono un ladro.»

Come detto, i nostri bagni erano i più belli del mondo. C'era purtroppo il divieto di entrare in mare prima delle dieci e l'obbligo di uscirne entro l'una. Ma c'erano quelle tre ore di tuffi, si scherzi, di spruzzi. Noi di casa, più i cugini, più tanti amici. Fra un tuffo e l'altro, correvamo in cucina per rubacchiare qualcosa. La cuoca gridava: «*Andè via! Andè via! No ste toccar niente!*». Strillava, conoscendo la sua impotenza. Si chiamava Rosa, rimase con noi per tanti anni. Andava a far la spesa ogni mattina in paese. Sulla via del ritorno si faceva accompagnare dal marito, ubriacone e nullafacente. Sedevano in cucina, con un bicchiere di vino, e stendevano il resoconto della spesa, debitamente ampliato, con un pezzetto di matita. Terminava con le parole "jazo e portadura: una lira". In famiglia questa postilla sembrava esosa. Sta di fatto che il marito beone si portava sulle spalle per una lunga strada due stanghe di ghiaccio. Sotto il solleone calavano di peso. Quel che restava veniva scaricato in una ghiacciaia di ghisa e durava più o meno fino a sera.

Dopo l'incursione in cucina, via di corsa in acqua fino all'ora di pranzo. A tavola vigeva vagamente il precetto di non parlare se non interrogati. Ma eravamo in dieci, dodici e anche più e finivamo per parlare tutti assieme.

Poi veniva il tormento della siesta. Tormento solo per me. Tutti, e per prima Fiammetta, si stendevano e dormivano sodo un paio d'ore. Io restavo sveglia, affliggendomi per quel tempo prezioso perso a contare i secondi e i minuti. La siesta doveva durare almeno un'ora. Finito di contare, mi alzavo in silenzio e girellavo un po' per la casa addormentata. Poi uscivo, nel bagliore del pomeriggio appena iniziato, tutto per me. Solo le cicale animavano il silenzio. Mettevo i piedi in acqua e prendevo i gamberetti che venivano a pizzicarmi. Li mangiavo crudi, vivi. Con la lenza pescavo certi pescetti poco commestibili, li pulivo in qualche modo e li portavo in cucina. La cucina vuota, le persiane accostate, un territorio da scoprire. Trovavo del burro in una bacinella d'acqua. Cuocevo le mie prede e le mangiavo con delizia, immangiabili come dovevano essere. Un po' alla volta, la casa si svegliava. Andavo a chiamare Fiammetta, che mi guardava imbambolata, con righe di sonno sulla guancia. E io guardavo lei che aveva perso quelle meravigliose ore dormendo. Il pomeriggio portava altri giochi, merende, corse in giardino, rubabandiera e moscacieca, fino ad arrivare trafelate all'ora di cena.

Un pomeriggio, dopo aver strappato Fiammetta alla lunga siesta, la portai a pescare in un posto lontano dove i pesci, ero sicura, abbondavano straordinariamente. Una lunga camminata. Arrivate, gettammo le lenze e aspettammo fiduciose. Il mare era calmissimo, trasparente. «Quanto pensi che sia profondo qui?» chiesi a mia sorella. «Parecchio, più di cinque metri.» - «Macché, al massimo tre.» E per avvalorare la mia certezza buttai in acqua un sandalo. Per l'appunto era nuovo, bello, bianco con i buchetti. Andò giù lentamente e si posò sul fondo. Mi sembrava di toccarlo. «Ora scendo a riprenderlo.» Mi tuffai una volta, una seconda una terza. Il sandalo non risalì più. Tornammo a casa, Fiammetta in testa, allegrissima, pronta a raccontare tutto alla mamma. Io dietro, scalza e umiliata, in attesa della ramanzina: che non tardò. «Questa ragazzina è impossibile; alla fine delle vacanze dovremo metterla in collegio.»

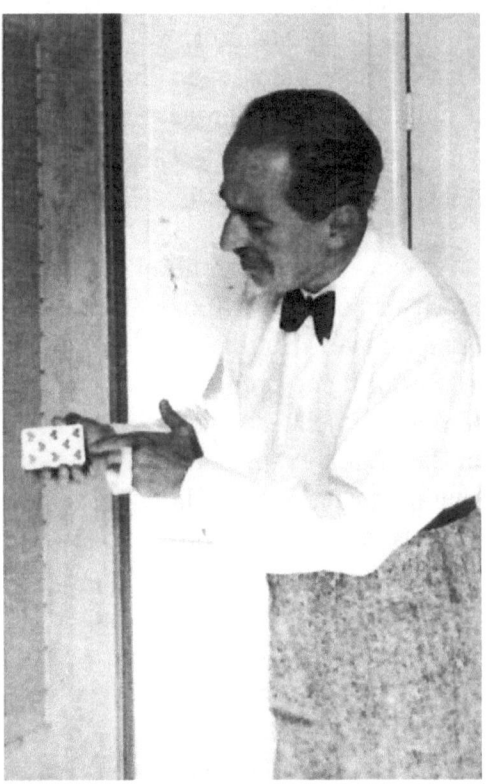

Per il battesimo della sorellina Benvenuta, ci fu una festa, con lampioncini giapponesi appesi sui rami. Tanto sfarzo credo rafforzasse la nostra fama di spendaccioni.

Un altro avvenimento fu il congresso della Commissione Europea delle Acque del Danubio, di cui papà era delegato per l'Italia, che ebbe luogo a Lussino. Più precisamente, in casa nostra: infatti noi due bambine fummo spedite a dormire da amici, cosa che ci offese.

La laurea di Marina, la prima laurea della famiglia, fu l'occasione per un'altra festa. Ancora palloncini, ancora tanti invitati. E confetti di color verde.

Quell'estate fu inaugurata la seconda cisterna. Coperta da una vezzosa terrazza a colonnine, serviva anche da pista da ballo e per i tornei di ping-pong. Eravamo decisamente una famiglia mondana e vistosa. Per non parlare dei giochi di prestigio con i quali papà si esibiva in privato e in pubblico, ottenendo grandi successi e conquistandosi una duratura fama di eccentrico.

Pochi furono gli anni dello sfarzo e della spensieratezza. Prima la morte della mamma, poi disagi economici, infine la guerra, ridussero, appiattirono il tenore di vita. Uno alla volta si spensero i lampioncini. Quelle candele, che erano state segno di festa e di larghezza, presto sarebbero diventate l'unico razionatissimo mezzo d'illuminazione. Ma allora, chi ci pensava? La mamma scendeva al mare indossando *mises* raffinate, a Roma Mussolini parlava dal balcone di Palazzo Venezia e l'Italia sembrava il paese più bello del mondo. Ricco. Pacifico. La vita era tutto un divertimento.

Oltre ai bagni, ai giochi, alle feste, ci sono state le barche ad allietare le nostre vacanze. Papà aveva portato da Malcesine, sul lago di Garda, dove la famiglia aveva abitato un periodo, una bella barca: la Marina. Era di legno pregiato, forse mogano. Barca a quattro remi, delicata nella struttura e bisognosa di molta manutenzione. Barca di lago, inadatta al mare e soprattutto alle nostre intemperanze. Fece bella figura per qualche anno, ormeggiata davanti a casa, poi andò in disarmo, in cantina.

Per i miei undici anni, avevo ricevuto dai genitori la prima barca. Piuttosto un giocattolo che una barca: misurava un metro e quaranta. Ma teneva bene il mare e io ne ero entusiasta. Vi andavamo in due, anche in tre, senza rovesciarci. Un tentativo, fallito subito, di metterle una vela, non

ci scoraggiò: andavamo a remi. Io avrei voluto chiamarla *Invincibilis*. Ma i fratelli risero tanto a quel nome dovuto solo, assicuravano, alla mia presuntuosa imbecillità, che mi toccò adattarmi a un più modesto *Delfino*. Madrina del varo fu Maria Sofia. Doveva leggere un discorso molto poetico, del genere: «Va, piccola ondina, a solcare il nostro glorioso mare...», eccetera. Ma aveva solo sei anni, la madrina, e si inceppava nella lettura, sicché tutti cercavano di aiutarla per non farla piangere. Poi fu lanciata una bottiglia di birra, al posto dello champagne e la barca scese in mare tra gli applausi. La vezzeggiavamo come una bambola. Ogni

Il varo del Delfino. Sulla Chimera.

estate veniva dipinta di un colore diverso, blu, rosso, verde. Non toglievamo la vernice precedente, sicché la superficie si ricopriva di bolle variopinte, come una malattia. Ma a noi piaceva moltissimo, così. Ebbe vita breve, il *Delfino*. Lo scirocco l'infranse contro gli scogli, una mattina piovosa d'autunno. Un dolore. A sostituirla, fu comperata la *Möve*, una vera barca di tre metri, che aveva il difetto di muoversi

93

lentissima. Subito i ragazzi di Lussino la chiamarono: "La *Möve* che non se move". Fu venduta dopo un paio d'anni, senza molti rimpianti.

Poi papà mi regalò, per i sedici anni, un sogno di barca, la *Chimera*. Costruita da un celebrato carpentiere, filava come il vento, era leggera e aggraziata. Con lei abbiamo fatto regate e gite. Con lei bordeggiavo per Cigale, di primo pomeriggio, mentre gli altri dormivano e il maestralino soffiava. Con lei abbiamo calato le reti la sera e le abbiamo tirate su la mattina: i sedili erano bagnati di rugiada, i pesci saltellavano impigliati e noi rischiavamo di scivolare fuori bordo, per il gran ridere e per l'impaccio dei cavi, dei remi, delle reti aggrovigliate. Nelle buie notti di guerra, l'abbiamo usata per andare a comperare derrate di contrabbando. È stata la gioia delle nostre vacanze, fino all'ultimo giorno. Fu ritrovata dopo la guerra vicino al Duomo di Lussino, lontana dal mare e fracassata, la bella *Chimera* della mia giovinezza.

Un'estate fu organizzato un corso di ballo per una decina di "giovinette", fra cui noi due cui il ballo interessava men che nulla, all'epoca. Avevamo tredici e quattordici anni. Le lezioni erano tenute da un maestro ungherese; una brava persona, incolpevole della noia che ci procurava. Bisognava vestirsi decentemente, prendere un'aria composta astenersi dal ridere. Credo che il corso fosse stato ideato per darci una parvenza di decoro, togliendoci per qualche ora alla nostra vita selvaggia. Alla fine vi fu un ballo, con invitati. Io avevo un vestito, ereditato da Donatella, che più brutto non si poteva immaginare, addosso a me: di un colore rugginoso, aperto sulle spalle. Doveva sembrare audacemente chic. Dalla scollatura spuntavano i miei ossicini striminziti.

Avevo tanta vergogna che danzai peggio del solito. C'era una ragazzina, anzi una signorina, che indossava un lieve abito bianco con cintura lilla. Era odiosamente bella, sembrava una fata. Anni dopo, quando divenne mia cognata, la perdonai.

Molto più dei balli, ci interessavano, a quell'età, le nostre recite. Erano dei drammi, anzi delle fosche tragedie, che io componevo in versi. Ferruccio era il regista e lo sceneggiatore. Con tende tirate fra un albero e l'altro, costruiva palcoscenico e sipario. Dei costumi si occupavano un po' tutti, ma soprattutto Donatella. La parte di primadonna spettava a me. Fiammetta e i cugini erano i comprimari. Benvenuta aveva ruoli secondari ma di grande effetto, data la sua età. Il pubblico, di famigliari e amici, applaudiva volenteroso. Siccome questi drammi avevano una durata brevissima, ogni atto veniva ripetuto una o due volte. Nell'intervallo c'era il rinfresco. Maria Sofia offriva graziosamente agli spettatori un vassoio, su cui erano disposti biscotti petit-

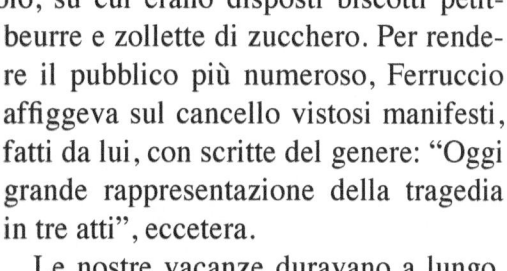

beurre e zollette di zucchero. Per rendere il pubblico più numeroso, Ferruccio affiggeva sul cancello vistosi manifesti, fatti da lui, con scritte del genere: "Oggi grande rappresentazione della tragedia in tre atti", eccetera.

Le nostre vacanze duravano a lungo, fino a ottobre inoltrato, quando anche l'ultima cicala si era zittita. La sera si accendevano le stufe, indossavamo golfini urticanti e non si facevano più bagni. Era triste. Peggio era la corvée per le scarpe e le sarte. Il nostro guardaroba veniva rifornito a Lussino. Ci toccava costringere i piedi, abituati alla nudità estiva, in malinconiche calzature marroni che avevano sapore d'inverno e di scuola. Dalle sarte poi era un'impresa sfibrante. Abitavano tutte lontano, la sarta dei vestiti, quella dei cappotti, quella della biancheria; scale e scalette. Poi le prove, che affrontavamo imbronciate, tutte sbilenche. «La staghi dritta, signorina» mormorava la sarta, con gli spilli in bocca. E noi ancora più storte e immusonite. Però erano anche belli quegli ultimi giorni di vacanza. Si dipingeva la barca, si raccoglievano more e fichi e qualche castagna selvatica. Andavamo a vedere le grosse onde dello scirocco che si impennavano sugli scogli. La sera c'era il gioco dell'oca, il majong, il nontarrabbiare, il rubamazzetto, i proverbi illustrati, gli infiniti tornei di sciarade. Arrivava presto il giorno in cui si spediva il baule, si preparavano le valigie, si chiudeva casa. Il viaggio verso Roma era faticoso, quello per Tirana lunghissimo. Finivano tra le onde e il mal di mare le meravigliose vacanze.

IL PAN DE FIGHI

Nel settembre del '42 la famiglia si trova ancora a Cigale. È il mese dei fichi e delle vespe, dell'uva zuccherina, dei bagni più belli, dei maglioni alla sera. È un tempo benedetto. Ma è tempo di guerra e niente è più come prima. E si prevedono per l'inverno nuove restrizioni alimentari. Sicché la famiglia mi spedisce nelle campagne, per avere una buona scorta di pan de fighi da portare a Roma. È un dolce semplicetto e nutriente. Noi lo facciamo a forma allungata: dopo aver asciugato bene i fichi al sole, li passiamo attraverso i fori di una malandata macchinetta di ghisa. Con l'aggiunta di qualche seme d'anice, pezzettini di cioccolata e mandorle, quando ce n'è, lo impastiamo aiutandoci con un po' di grappa e gli diamo una bella forma di salame, che avvolgiamo in foglie di alloro. Lasciamo seccare ancora, al sole di settembre, alle prime bore di ottobre. D'inverno, in città, ne tagliamo fettine sottilissime e deliziose. Almeno così ci sembrano.

Vado dunque lietamente per le campagne, ma scopro che i fichi a Lussino già scarseggiano. Mi consigliano allora di andare in un'isola non lontana: Unie. Una traversata di dieci miglia, un paio d'ore. Vi resterò tre giorni, ospite della famiglia d'una nostra domestica Dumiza. Questa è una ragazza di cuore, analfabeta e quasi muta, poiché non sa l'italiano e si vergogna di parlare il suo dialetto croato. Ha una certa delicatezza. Sempre scalza, la sera per servire a tavola si cosparge i piedi di talco. Lascia lunghe scie bianche che il mattino dopo provvede lei stessa a togliere: per ricominciare la sera.

Prendo diverse ceste e parto intrepida per Unie. Dopo

una traversata uggiosa per lo scirocco e inquietante per la presenza annunciata di mine, trovo sul molo la Guardia di Finanza, nella persona di un piacente giovanotto napoletano. Chiede il perché della mia venuta, la durata del mio soggiorno. Dice: «Fichi qui non ne mancano, scarseggiano invece le belle signorine».

Ha inizio così un assiduo corteggiamento che durerà fino alla mia partenza. Mi scorta al mio alloggio e, a malincuore, si accomiata sulla soglia. La mamma di Dumiza, anche lei scalza, silenziosa e tutta sorrisi, mi conduce alla mia camera. Sul letto, un cuscino candido di grosso lino, ricamato con fiori e angioletti, invita al riposo signorile e virginale. Il resto è una montagna di foglie di pannocchia, dove più tardi sprofonderò con gioia, insensibile a scricchiolii e punture. Ma prima devo trascorrere alcune ore difficili. Iniziano con una visita ufficiale del finanziere che si presenta correttamente all'attonita padrona di casa; poi mi offre, assieme a qualche modesto fiorellino locale, la copia patinata di una rivista color violetto, dove troverò, assicura, notizie sulla mondanità della Capitale nonché le trame delle ultime pellicole (così le chiama). Si appresta a una lunga visita. Parla dei fichi, della guerra, della sua vita in quell'angolo remoto d'Italia. Chiede di me, della mia famiglia, dei miei studi. Si dichiara a mia completa disposizione per ogni evenienza. Si guarda attorno, nel piccolo tinello, fra il ronzare delle mosche e il battere della pendola.

Finalmente prende commiato per tornare alla sua caserma che si trova, aggiunge, «proprio qui di fronte». Segue, al tramonto, la cena a base di pane d'orzo e latte di capra, consumata assieme alla mia sorridente ospite. Il latte, di capra o meno, non l'ho mai digerito. Ma come posso spiegarlo a quell'amabile donna? Del resto non ha altro da offrirmi. Più tardi mi faccio coraggio e chiedo dov'è la toilette. Silenzio. Il gabinetto. Il cesso. Riflette; infine si esprime: «Noi andemo in caponera». Questa non ci voleva! La caponera, il pollaio, è attigua alla casa, a cielo aperto e sciaguratamente guarda dritta alla caserma. Dalle finestre, il giovane finanziere, ora affiancato da due colleghi, invia allegri cenni di saluto ogni volta che mi avvicino in perlustrazione.

Il mio soggiorno a Unie comincia a farsi difficile. Di giorno, mi arrampico per i muretti e per la macchia, fra i rovi. Pian piano le ceste si riempiono di bei frutti verdi e blu. Devo stare attenta a non farmi avvistare dalle Fiamme Gialle e a non sbucciarmi troppo le ginocchia. Al tramonto, sempre guardinga, torno al mio alloggio. Consumo la cena di pane d'orzo e latte di capra, in un cortese silenzio. A notte fatta, mi avventuro tra le galline, col rischio di rompermi un osso o, peggio, di venire improvvisamente illuminata da una torcia militare.

Arriva il giorno della partenza. Con le ceste piene, sono scortata al molo dai militari, più espansivi e galanti che mai. Ho colto quaranta chili di fichi e provato diverse emozioni. La traversata fino a Lussino, col mare mosso e i fichi che mostrano di voler rotolare per il ponte, mi sembra lunga. Devo per giunta difendere la mia preziosa merce dalle pressanti richieste di acquisto da parte dei pochi passeggeri.

A casa, dopo i dovuti festeggiamenti, il faticato raccolto viene messo ad asciugare al sole su grandi tavole di legno; infine confezionato in tanti salami e avvolto nelle foglie d'alloro. Passa la stagione, fra bora e scirocco. Torniamo tutti a Roma, con un viaggio estenuante. In mare le onde e le mine. A terra i controlli militari.

Quando la dolce isola delle vacanze scompare dietro l'ultima punta, sono troppo occupata per commuovermi. Ignoro che dovranno passare ventiquattro anni prima di rivederla, divenuta paese straniero. La nostra casa c'è tuttora, ma si chiama "Pension Zagreb", e non è più nostra.

LA GUERRA

Nell'estate del '39 alcuni pessimisti parlavano della possibilità, per l'Italia, di entrare in guerra. Pochi per la verità. La maggioranza non ci pensava affatto. A Lussino i vacanzieri e i residenti si godevano spensieratamente le calde giornate estive. Ci fu, nella chiesetta dell'Annunziata a Cigale, un battesimo a cui seguirono grandiosi festeggiamenti. Una foto ritrae accanto alla neonata una folla d'invitati vestiti a festa. Alcuni mesi dopo, a Roma, un'udienza del Papa riunì l'intera famiglia. Era Pio XII, papa Pacelli, austero e aristocratico. La nostra parentela non era molto stretta: la sorella del pontefice aveva sposato un cugino del nonno Mengarini. Comunque, un'udienza di famiglia. Il protocollo aveva stabilito il seguente vestiario per i partecipanti: frac per gli uomini, smoking per i giovani, vestito alla marinara per i maschietti. Abito lungo nero per le donne, bianco per le bambine. Le presentazioni al Santo Padre doveva farle Papà. Per l'emozione si confuse e pasticciò tutti i nomi. La circostanza era troppo seria per cedere alla tentazione di ridere. Fummo tutti doverosamente compunti. Per la famiglia al completo quella fu l'ultima riunione. La guerra incombeva. Scoppiò pochi mesi dopo, nel giugno del '40.

Per la verità, cominciò in sordina. La chiamavano la guerra-lampo; sembrava dovesse durare pochi mesi. Poi divampò, deflagrò, divenne immensa e devastante. Il mondo, dopo quei cinque atroci anni, non fu più lo stesso. Tutto cambiò, cambiarono le persone, le città, gli stati. E incominciò il lento risveglio dall'incubo.

Quanto a me, la mia guerra è stata modesta, casalinga.

Settembre 1939: un battesimo nella chiesetta dell'"Annunziata". a Cigale. La catastrofe è immenente, ma nessuno sembra rendersene conto ancora.

Udienza della famiglia dal Papa, 1939.

Ma quanto faticosa! Correvo sempre: all'università, a dare lezioni, a fare la fila. Si può dire che abbiamo passato i migliori anni della gioventù, Fiammetta e io, a metterci in fila per sfamare le sette persone di casa. I fratelli erano in Africa, prima in guerra poi prigionieri. In compenso era venuto lo zio Publio, per sfuggire alle bombe di Napoli. Venne per restare un paio di mesi. Si trovò bene e si fermò tre anni. Io lo guardavo severamente, mentre dividevo in sette parti una frittata che era scarsa per sei. Con maggior severità fu guardato quando su Roma caddero le prime cannonate. Non sapevamo se andare nel rifugio o no, se prendere con noi qualche oggetto di valore. In mezzo al trambusto, zio Publio chiedeva: «Intanto, non si potrebbe mangiare qualcosa?».

Fiammetta ed io avevamo inventato una classifica, dividendo la famiglia in membri inutili e membri utili. Nei primi avevamo messo Marina, zio Publio e Benvenuta. Utili eravamo noi due e Donatella. Ogni tanto Marina si seccava di essere stata dichiarata inutile. Dopotutto, chi sapeva cucinare meglio di lei? Ma si rassegnava presto e tornava ai suoi libri. Papà era stato esonerato dalla classifica, più per affetto che per rispetto.

Eravamo, dunque, in sette. Le sorelle grandi lavoravano. Donatella era dattilografa al Ministero degli Esteri. Inoltre si occupava della casa e dell'economia. Era bravissima a far quadrare il precario bilancio. Noi cercavamo di sfuggirle, perché era severa. Diceva, entrando in camera nostra: «Che avete da ballare, stupidone?». Aveva ragione. Non c'era nessun motivo per ballare. E proprio per questo le nostre danze erano, o si fingevano, allegrissime. Senza musica, senza cavalieri. Al freddo, d'inverno, per riscaldarci. Senza fiato, d'estate, per l'afa. Marina era bibliotecaria all'università. Quando non leggeva, scriveva. Un'intellettuale.

Anche a lei dedicavo una certa disapprovazione: stava su di notte, dormiva fino a tardi e non faceva le file. Benvenuta era piccola e andava a scuola. Papà era occupato con i suoi libri e i suoi giochi di prestigio. Richiamato in Marina, si fermava a chiacchierare con i suoi amici su una panchina in via Mazzini, da noi detta la panchina degli ammiragli. La gioia sua, l'unica dopo la morte della mamma, siamo stati noi. E raccontava a quei pazienti ammiragli: «Sapete, Fiammetta si è iscritta a biologia, Oretta ha preso trenta in storia della musica, Donatella è riuscita a vendere un paio di stivali contro mezzo abbacchio». E ancora, da Ferruccio erano arrivate buone notizie, Benvenuta aveva fatto il miglior tema della classe, Marina si era vista pubblicare un articolo su "Civiltà Cattolica", Romano stava in un campo di prigionieri polacchi. Così passavano qualche mezz'ora al sole, quando c'era. O al freddo, con i baveri rialzati.

A noi due toccavano le file. Era tutto un correre, per il cibo, per le tessere annonarie, per un paio di calze. E per le sigarette dello zio: prima razionate, poi vendute carissime alla borsa nera. Un giorno lui decide di smettere di fumare. Per rafforzare il suo proposito, ci prega di tenere nascoste in camera nostra le residue sigarette. Di notte, veniamo svegliate da un fruscio di ciabatte: è zio Publio che viene a frugare tra i cassetti. Fingiamo di dormire, mentre i letti sono scossi dalla nostra silenziosa ilarità. Devo ammettere che in quegli anni bui, quasi mai ci venne meno la voglia di ridere. Per esempio, avevamo un coinquilino, persona squisita, che cercava sempre di rendersi utile con mille cortesie. Ma parlava tanto e soprattutto puzzava tanto. Quando lo si incontrava sul pianerottolo, non c'era scampo che appiattirsi contro il muro, trattenendo il fiato. Poi una volta libere, giù per le scale a rompicollo, ridendo senza ritegno. Ma accadeva anche che ci cogliesse lo sconforto. Ricordo un pomeriggio di pioggia. Per cena avremmo avuto aringhe, senza pane. Io guardavo i vetri appannati, i radiatori freddi. Dissi: «E mò?». Fiammetta rispose con il suo consueto «Boh». Ridemmo poco: eravamo tristi e l'avvenire era scuro.

Pioggia o sole, noi due uscivamo, prendendo sotto casa le biciclette: la gioia e l'incubo dei nostri anni di guerra, le compagne fedeli e infedeli del nostro gran correre per Roma. Ci hanno portato a scuola, all'università, nei rioni periferici dove fioriva la borsa nera. Ci hanno regalato momenti di allegria, quando si faceva qualche gita fuoriporta; e di scoraggiamento, quando sul più bello si rompevano. Devo dire che i nostri erano veicoli sgangherati, pieni di acciacchi: una volta era la dinamo che non funzionava, una volta si allentavano i freni, o la valvola perdeva o la reticella copriruota si sfasciava del tutto, sicché le gonne si impigliavano nei raggi. Abbiamo passato ore a rabberciare le varie magagne, sedute in cortile. Poi ripartivamo, speranzose e incoscienti. Ma ne abbiamo fatti di chilometri, in tanta precarietà. Ricordo d'essere andata un giorno sui colli romani, per un litro di latte che, arrivata a casa, era già andato a male. Ma non fu sprecato: Marina lo utilizzò per qualche sua ricetta. Un'altra volta, alla ricerca di un po' di verdura, mi spinsi senza accorgermene, fin sotto i bombardamenti di Anzio. Mi toccò stare distesa un'ora o più. Ma salvai la cicoria.

Ferruccio, in una delle sue ultime licenze, riferì di una pasticceria in corso dove ancora vendevano gelati. Era un'occasione da non perdere. Poiché le nostre biciclette erano giustappunto fuori uso, Ferruccio mi prese in canna sulla sua, e filammo per il corso Umberto, deserto e buio. In piena velocità ci scontrammo con un altro ciclista. Molti

i danni, ma la vera tragedia era il gelato, che minacciava di
sciogliersi. Sicché, uno pedalando sulla bici tutta sbilenca
e con una gomma sgonfia, l'altra arrancando a fianco, arri-
vammo a casa, festeggiati e con il gelato ancora abbastanza
consistente.

Mentre la famiglia diventava sempre più misera, i com-
mercianti continuavano ad accumulare derrate e denaro. Il
negozio di alimentari sotto casa distribuiva ancora qualche
cibo: scatolette di tonno (aperte, per scoraggiare la tentazione di farne scorta), poca marmellata disposta su un foglio di
carta oleata, rare uova. La padrona troneggiava alla cassa
paludata in una stola di visone sfoggiando la borsetta di
tartaruga, segno di opulenza. Noi con le scarpe di legno, lei
con sandaletti di pelle pregiata. Con l'incalzare degli eventi
scomparve il negozio e con lui la bottegaia e le sue scarpe
di pitone.

Il primo bombardamento di Roma, nel luglio del '43, mi
colse mentre lavoravo al Ministero degli Interni, che era

105

stato sfollato in via Nomentana. Le sirene d'allarme che ci avevano per tre anni dapprima spaventato poi scocciato perché, non essendoci alcun allarme, erano del tutto inutili, questa volta cominciarono a lacerare il cielo quando già stavano cadendo le bombe. Io mettevo ordine in certi schedari. Era il lavoro obbligatorio che gli universitari dovevano svolgere per un mese, durante le vacanze estive. Una noia, un torpore, un caldo. Mi svegliai di botto, alle esplosioni. Scappavano tutti. In mezzo al fumo e alle grida della gente, al fragore del bombardamento e all'ululare delle inutilissime sirene, mi avviai fuori, con l'idea di vedere e capire l'entità del disastro. Ma presto inorridita ritornai indietro. Infine cercai di arrivare in qualche modo a casa. Una lunga lunga camminata, mentre le grida si allontanavano e aumentava la vampa del sole. Era pomeriggio quando arrivai a casa e la prima domanda fu: «Mi avete lasciato qualcosa da mangiare?». Poco mi avevano lasciato, pochissimo. E solo dopo quel poco cibo raccontai gli avvenimenti. Eravamo stati tutti colti di sorpresa, convinti che Roma "città aperta" sarebbe stata risparmiata dal flagello delle bombe.

Pochi giorni dopo cadde il fascismo e il Re affidò il governo al maresciallo Badoglio. La radio comunicò l'evento con poche parole, sicché ci furono momenti di massima confusione. Il Ministero degli Interni, dove mi trovavo, era tutto in subbuglio. Ancora in divisa e camicia nera, i dirigenti non sapevano che contegno darsi: togliere dalle pareti le scritte inneggianti al Duce, abolire su due piedi il saluto fascista? Ritornare alla stretta di mano e al vituperato "lei"? La bibliotecaria dalla quale dipendevo aveva preso l'aria offesa, come se lo storico evento fosse stato ordito per farle un dispetto. Borbottava: «Sarà anche vero, per carità, non voglio negarlo. Certo, mi sembra assai strano. Evvia, il

Duce arrestato! Ci sarebbe da ridere!» Ma non rideva, nella sua sahariana nera, stordita in mezzo al crollo dei suoi ideali al quale non sapeva rassegnarsi. Quanto a me, nonostante lo smarrimento generale, mi tocco finire il lavoro e spostare inutili volumi da inutili scaffali.

Dopo un mese e mezzo, l'otto di settembre, l'Italia chiese l'armistizio e i Tedeschi accerchiarono Roma. Liberato da loro, Mussolini era stato trasferito in Germania. Il Re e il governo si spostarono a Pescara. Un paio di giorni di resistenza, poi Roma fu abbandonata ai Tedeschi. Retate, fughe, sparatorie. Brevi e minacciosi comunicati alla radio. Papà girava per le stanze, disorientato. Prese il ritratto di Vittorio Emanuele III con la dedica "al Cavalier Carlo Rossetti" e lo mise, capovolto, in un cassetto. "Questo non è più il mio Re", commentò, amaro.

Proprio in quei giorni un attacco di appendicite mi spedì in clinica per essere operata d'urgenza. Un'operazione penosa, l'anestesia praticata con un batuffolo d'ovatta imbevuto di cloroformio. Prima di addormentarmi mi dimenai furiosamente, graffiando la mano che premeva la bocca. Poi sprofondai in un buio attraversato da bagliori lancinanti. Mi svegliai piena di odio e di propositi di vendetta. «Mi sentirà, quell'assassino» dicevo ancora intontita, «quel macellaio, quel piede forcuto!». Non riuscivo a trovare ingiurie più efficaci e continuavo a ripetere le stesse: «Assassino, macellaio, piede forcuto, ora mi sentirà». Fiammetta rideva, appoggiata alla finestra aperta sulla paurosa notte di settembre. «Che ridi, scema» le dicevo. «Dammi un limone». «Te lo porto domani». E se ne andava, sola, per le strade pattugliate dai militari con i fucili puntati. L'indomani le chiedevo: «Mi hai portato un limone?». «Non ce n'è». Ero offesa. Venne a trovarmi un amico, con due limoni che aveva presi da una villa romana, scavalcando il muro di cinta. Erano piccoli, verdi e senza succo. Anche Donatella e Gianni, fidanzati di fresco, mi fecero visita. Portavano, gran meraviglia, due cannoli d'aspetto invitante. Ma limoni, no.

Da quell'operazione mi ripresi in qualche modo, ma non ho più riavuto la salute di prima. La rigogliosa salute della gioventù era finita. Cominciò la serie dei malanni, piccoli e non. Del resto, il vivere diventava ogni giorno più scomodo. Dovevo stare a dieta; santo cielo, quale dieta? Quel poco di pane che ci davano aveva il colore e il peso del piombo. Vitamine? Non si vedevano più nei mercatini rionali aranci né mele né carote. Anzi, non si vedevano più nemmeno i mercatini. Andavamo a comperare la farina di nascosto, alla borsa nera. Abbiamo venduto quadri e tappeti, per procurarci qualche cibo. Abbiamo venduto vestiti e scarpe. I prezzi salivano e saliva la fame. Per reagire allo sconforto, nel gennaio del '44 scrissi una poesia.

Non c'è gas per cucinare
non c'è legna per scaldare
non c'è acqua per lavare
non c'è pane per mangiare

Non c'è luce per guardare
non c'è soldi per campare
non c'è vino per scordare
non ci resta che cantare

I negozi desolati
son svuotati, svaligiati.
Le vetrine poveracce
sono piene di cartacce.

Un sacchetto di lupini,
castagnaccio e bruscolini,
foglie secche per il tè
ecco ormai quello che c'è.

Alle sei, niente da fare,
anche il tram s'ha da fermare.
Alle sette pressapoco
incomincia il coprifuoco.
Alle otto, soffia e sbotta,
la minestra non s'è cotta.
Alle nove, è presto detto,
ce ne andiamo tutti a letto.

Senza gas e senza luce,
senza pane e senza pace,
c'è rimasto un fil di voce
per cantare, se vi piace:
accidenti al nostro D.

Questa tiritera girò per il quartiere, discretamente. Una volta la feci leggere al mio medico. La restituì prontamente, allarmato. «Con questo scritto andrete nei guai, ve lo dico io». (Era l'epoca in cui bisognava darsi del voi, altrimenti si era antifascisti). Non sono andata nei guai. L'ho ritrovata per caso quarant'anni più tardi. Nei guai andò invece un amico di papà. Aveva l'abitudine di raccogliere barzellette contrarie al regime. Le scriveva su un quadernetto per poi leggerle agli amici. Gli fu trovato dalla polizia che lo mandò per non so quanto tempo al "confino", che era una specie di domicilio coatto per dissidenti.

Passavano i mesi, faticosamente. Oltre alla fame, al

freddo, c'era la paura. La censura delle lettere e del telefono (finché i Tedeschi non lo fecero saltare). E il pericolo delle retate, delle delazioni. Un giorno il comando tedesco intimò ai civili, con un proclama che la radio martellava ogni ora, la consegna immediata di qualsiasi tipo d'arma avessero in casa. PENA LA MORTE. Fiammetta e io avevamo una pistola che ci aveva lasciato Ferruccio, per servircene in caso d'emergenza. Avevamo fatto qualche tentativo di tiro al bersaglio nella campagna romana. Eravamo maldestre e non facevamo che ridere. Per un pelo non ci siamo impallinate a vicenda. Sicché fummo felici di sbarazzarci di quell'inquietante ordigno, buttandolo una notte giù dal ponte sul Tevere. Papà conservava, fra i tanti cimeli della sua vita di esploratore, una specie di scimitarra, non saprei dire se coreana, somala o di dove altro. Disse zio Publio: «Devi assolutamente consegnarla». Papà non ci pensava neppure. L'oggetto gli era caro e comunque nessuno l'avrebbe preso per un'arma. Lo zio insisteva: «Vedi Carlo, la pena di morte non è solo per te, ma per tutti gli uomini della famiglia. Dunque anche per me». Non ricordo se la scimitarra sia stata consegnata o no. Eppure lo zio Publio non era pavido. Era l'unico che ascoltasse Radio Londra, cosa molto pericolosa che innervosiva papà. La ascoltava di notte con la finestra ben tappata e oscurata. «Qui è il colonnello Stevens che parla...» Era una voce di speranza, che raggiungeva le case italiane immerse nel buio.

Altra causa di preoccupazione era lo zio Piertonio, cugino di papà. Pittore di talento e uomo di grande simpatia, spiritoso, ironico. Da Bruxelles, dove abitava, ci mandava delle cartoline, tutte debitamente passate al vaglio della censura, che facevano venire i sudori freddi a mio padre. Scriveva: "Beati voi, che abitate nell'Urbe, vicini al nostro grande

Duce! Beati voi che vedete i gloriosi camerati germanici sfilare per le vie dell'Impero!"". E via di questo passo, mentre noi ridevamo e papà fremeva per l'esasperazione. E la paura.

L'università era chiusa, le biblioteche anche. Non si poteva studiare. Il tempo lo passavamo nelle file o nei tentativi di accendere il fuoco di carbonella o a mondare fagioli o ceci. Si facevano anche degli inviti in tal senso: andavamo dalle cugine e si stava tutti assieme, attorno a un tavolo a chiacchierare e a "capare" legumi. Quella era la nostra vita sociale. Per Paola, relegata in casa, con la mamma malata, era forse l'unico divertimento.

Facevamo il pane, quando si trovava un po' di farina. Operazione faticosa: bisognava sbattere e sbattere la pasta sul marmo di cucina. Passava Marina: «Brave, vi verranno delle belle braccia». Noi la guardavamo torve. Poi, in fila davanti al forno del quartiere. Accadeva che nell'attesa del nostro turno la pasta incominciasse ad agitarsi e fuoriuscire. La ficcavamo nelle teglie a forza di ditate. Dicevo a Fiammetta: «T'assicuro, se mai un giorno riavremo a tavola pane e marmellata e burro, t'assicuro, ti giuro che non mi lamenterò mai più di niente». Lei stringeva la bocca e diceva «Boh». E poi a casa, ore a rammendar calze, alla luce di quelle sbilenche candele grigie e molli che sono state l'illuminazione dei giorni peggiori. C'erano anche le lampade a carburo: odiosi oggetti che puzzavano d'aglio. Difficili da accendere e difficilissimi da spegnere. Di notte mi svegliavo e dicevo a Fiammetta: «Guarda l'anima del grillo parlante». Così chiamavamo il pallore della lampada che non si voleva spegnere. Di giorno, dopo il pranzo, papà chiudeva gli scuri in camera sua e si accendeva un pezzetto di candela, per leggere qualche pagina durante la siesta. E io lo sgridavo: era uno spreco. Papà mio, che aveva perso la moglie, che aveva due figli prigionieri, viveva miseramente come noi e domandava una candela per leggere mezz'ora. Papà mio, che non mi ha mai sgridato, lui, nemmeno una volta. Di sera bisognava controllare che dalle finestre, ricoperte di carta blu, non filtrasse all'esterno nemmeno un filo di quella fioca luce. C'era l'"oscuramento bellico" e chi non l'osservava scrupolosamente era un nemico della Patria e si beccava multe salate. Così passavamo gli ultimi mesi di guerra.

Balli, ne ho avuti pochi, io. Pochissimi. Stretta fra il lutto per la mamma e le miserie della guerra, avrà messo sì e no tre volte il vestito lungo che mi ero fatta con seta da paracadute. Un ballo però lo ricordo bene, anche perché segnò la fine del mio abito. Era il capodanno del '44, all'insegna del gelo: in casa, fuori di casa, negli animi. Una nostra amica decise di dare una festa danzante. Bisognava arrivare da lei prima del coprifuoco, verso le sette: e andar via dopo, cioè alle sei del mattino. Praticamente eravamo prigionieri in quella villa dai saloni gelidi e vuoti. Niente tende, niente tappeti, niente cuscini. Messi in salvo? Venduti? Ognuno doveva portare qualcosa per il rinfresco. Noi due confezionammo una torta, la triste "bilbolbul" degli anni di guerra. Uscì dal forno brutta e gobba. Per di più ci cadde per terra. Fu rabberciata alla meglio, ma devo dire che non ne eravamo fiere: sul magro tavolo del buffet, faceva un più magro effetto. Pochi erano i ballerini: qualcuno che si trovava in licenza, o quelli che papà chiamava gli scarti di leva. In virtù del loro scarso numero, erano esonerati dal girare la manovella del grammofono. Toccava alle ragazze. Le quali erano tante, infreddolite e infagottate. Ma io dovevo sfog-

Il primo americano in casa nostra (1944)

QUARTIERE GENERALE DEL
GENERALE ALEXANDER

Messaggio Speciale ai Cittadini di Roma

Con queste parole gli Anglo-americani comunicavano l'imminenza del loro arrivo, facendo piovere dalle loro fortezze volanti migliaia di volantini. Il messaggio continuava dando disposizioni su cosa fare per impedire la distruzione della città da parte dei tedeschi in ritirata. Erano le ultime ore della guerra a Roma.

giare il mio vestito e per un po' tenni duro. C'era, in un angolo di quelle desolate sale, una stufetta, minimo punto di tepore. Mi appoggiai e il vestito andò bruciato. Così finirono le mondanità della mia giovinezza.

Abbiamo visto i Tedeschi lasciare Roma, il pomeriggio del 3 di giugno del '44. Passavano incolonnati sul lungotevere, vicino a casa nostra. Il passo era duro come lo conoscevamo, ma lento e affaticato come non lo avevamo ancora visto. Avevano gli sguardi fissi. La folla guardava in silenzio, si sentiva il rumore degli scarponi. Poi qualcuno disse: «È cominciato il saccheggio alle caserme, in viale delle Milizie». E noi due subito di corsa per metterci in fila. Dopo un po', la gente era tanta e poi ancora di più. La fila cominciava a farsi tempestosa. Giudicammo ragionevole desistere e lasciare il saccheggio ai più agguerriti.

L'indomani, aprendo la finestra, trovammo la strada tutta occupata da militari che sembravano camminare sulla gomma, tanto erano silenziosi. Fu il primo impatto con gli Alleati. Poi ci fu la distribuzione del pane, che ci mandò in visibilio: erano panini di farina di riso, bianchissimi, leggerissimi. In realtà, avevano sapore d'aria: ci voleva altro per la nostra fame arretrata. Ma era già una promessa. Ci fu la distribuzione del cibo: tredici grammi a testa di carne macinata con fagioli e una minestra in polvere di piselli secchi. Dopo qualche mese di questa dieta ci era venuta la nausea. Più tardi distribuirono le patate. Più tardi ancora la frutta. E ci passarono i geloni.

Così finì la mia guerra. Modesta e casalinga, come detto; e tanto faticosa.

VIAGGIO DI NOZZE

L'estate del 1945 non è una stagione adatta per sposarsi. La guerra è finita, ma non del tutto. Restano lunghe scie di distruzione. Scarso il cibo, luce e gas razionatissimi. I mezzi di trasporto sono costituiti quasi esclusivamente dalle camionette: traballanti veicoli, dovuti all'iniziativa di qualche privato. Con orari e itinerari di fantasia, assolvono al meglio il compito di trasportare su panche sgangherate gente tornata a una vita quasi normale di lavoro e di studio.

Donatella decide di sposarsi lo stesso. Il fidanzato è un bel giovanotto alto e magro. Il suo aspetto ispira a Fiammetta e me una poesia intitolata "il grillo". A noi piace moltissimo, a loro no.

Perché quei due scelgono per viaggio di nozze un paesino sperduto d'Abruzzo? Non lo so, forse soltanto per motivi di economia. Perché mandano me a preparare il nido d'amore, lo so bene. La famiglia ha deciso da tempo che io so arrangiarmi (gran verbo questo, durante la guerra), che io posso andare all'anagrafe e invece di passarci l'intera giornata, cavarmela in un paio d'ore, che io so trovare in qualche modo un taglio di stoffa. Lusingata e incosciente, parto per l'Abruzzo. Non ricordo come arrivo, probabilmente con qualche amico che va a scambiare vestiario con cibo.

Ricordo invece la padrona di casa, che deve accogliere gli sposi. «Figlia, hai fame?» chiede subito. Rimango un paio di giorni: devo ammirare la camera matrimoniale e soprattutto i guanciali ricamati con due colombe teneramente avvinte. Parliamo di vitto, di biancheria. Il resto del tempo lo passo alla Posta, mangiando pane e attendendo infinite ore la comunicazione con Roma. «Come ritornerai?» chiedono voci lontanissime. «In qualche modo.» E in qualche modo, presi gli accordi con l'ospitale signora, mi avvio per la strada, aspettando che qualcuno mi dia un passaggio. Pochissime macchine, che non rallentano. E comincia a farsi sera. Alla fine si ferma un camion, salgo con gioia. In cabina sono in quattro. Mi fanno posto e subito cominciano con le avances. Devono presto capire che non è il caso. Allora cambiano atteggiamento e diventano paterni. «Ha fame signorina?» Ci fermiamo in una locanda di campagna dove faccio la prima mangiata del dopoguerra. Arriviamo a Roma alle due di notte. Sette ore per cento chilometri scarsi. Loro tirano dritto verso nord. Mi fanno scendere in periferia, con saluti e raccomandazioni. «Corra, signorina, corra.» Non ho bisogno di raccomandazioni. Attraverso Roma di volata: Roma buia, silenziosa. Passano di tanto in tanto camion militari.

A casa, papà è in biblioteca e fa finta di leggere. «Belle ore» è il suo unico commento. L'indomani, dopo che ho raccontato il mio viaggio il commento corale è: «La solita incosciente». Devo rallegrarmi da sola per la mia prodezza e per i pericoli scampati.

Ora si tratta di organizzare il matrimonio e il rinfresco di nozze. Vogliamo tirare fuori una tovaglia ricamata da mettere sul tavolo da pranzo debitamente allungato. Andiamo a scovarla in un vecchio baule. Assieme alla tovaglia, tutta rosicchiata, esce una miriade di topolini che scappano per casa. Donatella e io li inseguiamo con le scope mentre Fiammetta balza sul tavolo gridando: «I topi mi fanno schifo!» Non sono solamente i topi ad animare i preparativi di nozze. Ci si sono messe anche le formiche. Arrivano a legioni, in quello scorcio d'estate, e occupano ferocemente la casa. Bisogna mettere scodelline d'acqua sotto i tavoli

Papà in biblioteca

per impedire agli odiosi insetti di raggiungerli.

Il mattino del matrimonio, Donatella è bellissima nell'abito da sposa, arrivato dagli Stati Uniti. È uno dei primi pacchi-dono che zia Fausta ha preso a mandarci, appena riaperte le frontiere.

Dopo la cerimonia in chiesa, il ricevimento in casa. Siamo emozionate: il primo matrimonio della famiglia, il primo rinfresco, la prima tavola imbandita dopo la fine della guerra. Appena arrivate a casa, senza nemmeno toglierci cappello e guanti, ci precipitiamo a liberare il tavolo dalle scodelle d'acqua che lo hanno salvato. Ma senza la bella tovaglia ricamata e con i modesti cibi che siamo riusciti a

117

provvedere, l'insieme non è un granché, sebbene ravvivato da certi pasticcini americani (pacco-dono) di colori sgargianti. Per il resto, torte a base di "vegetina" e altri surrogati preparati sotto la direzione di Marina. I vini? Non ricordo nemmeno com'erano. Probabilmente pessimi. Ma l'allegria è tanta. E cerchiamo di non pensare, in quel momento, a Romano e Ferruccio, ancora prigionieri, ancora lontani, in Africa.

Dal balcone li vediamo partire, i primi sposi della famiglia. Belli e raggianti. Vanno verso un nido felice, verso una vita felice. La guerra è proprio finita, pensiamo.

IN FRANCIA

Appena laureata, sono andata all'università di Dijon, come lettrice di italiano. L'impatto con la Francia non è stato lieto. Il viaggio è durato sessanta ore: prima con mezzi di fortuna, poi con diversi treni. Arrivo a destinazione alle cinque del mattino. Il primo bar apre alle sei. Il resto non è più confortevole. Scopro che gli Italiani (in guerra con la Francia per una settimana soltanto, nel '40) hanno bombardato proprio la stazione di Dijon. Ho l'impressione che la colpa sia mia. La città è chiusa, provinciale, ostile, sebbene molto bella nelle sue piazze e nelle chiese. Se chiedo l'indicazione di una strada, mi rispondono sbalorditi o irritati: «Ma come! Ma è la seconda a sinistra. Lo sanno tutti!» E tirano via, scuotendo la testa.

In tre anni ho abitato tre case diverse. Nelle prime due il soggiorno è stato impervio. Ho preso alloggio nella villetta di una signorina anziana, tutta casa, chiesa e vecchia madre invalida. Seguiva i miei corsi all'università e si era presa di grande affetto per me. Voleva delle lezioni private. Avrei voluto rifiutare, ma mi sarebbe parso poco delicato. Quei pomeriggi di lezione erano noiosissimi. Guardavo la pioggia, sottile, insistente, infinita. A un tratto il mio torpore fu scosso da un grido: «Basta!» L'anziana signorina era in piedi, rossa, con gli occhi spiritati. La guardavo allibita. «È la terza volta che lei guarda l'orologio! Lei mi detesta! Io la detesto! Se ne vada via! Via!» Mi toccò andarmene. Trovai subito, per fortuna, un'altra stanza, lì vicino. La proprietaria sembrò, a prima vista, molto amabile. Senonché il terzo giorno mi tolse il riscaldamento. Scoprii troppo tardi la sua avarizia. Pattuito l'affitto, si ingegnava di aumentarlo con voci disparate: uso dell'acqua (fredda); supplemento (di non so cosa) quando veniva una collega a trovarmi. Il più stravagante era un importo per "usura delle scale". Beh. Intanto, senza riscaldamento nell'inverno digionese, mi presi una bronchite, seguita dalla pleurite. Venne una dottoressa, un tipo di virago che scorrazzava per la città con una moto militare. Mi disse: «Se lei non si sbriga a cambiar aria, qui non ne viene fuori». Così, appena sfebbrata, partii con un'amica per la Costa Azzurra. ospitate cordialmente e austeramente dalle suore. A Nizza mi concessi una buona bistecca al sangue, che mi procurò la tenia. Tornata a Digione, mi precipitavo dopo le lezioni a mangiare biscotti. Dimagrivo ed ero triste. La solita dottoressa fece subito la diagnosi. Trascorsi due giorni chiusa in camera a inghiottire certi pasticconi accompagnati da una bevanda nauseante. Mi conquistai qualche considerazione dalla padrona di casa, quando poté aprire le finestre e annunciare festosamente alle sue comari: *«Elle en a fait dix mètres!»*.

La terza casa era abitata da una famiglia numerosa e simpatica che mi riconciliò con il paese. Tuttavia i pasti li consumavo in una *pension de famille*, frequentata da studenti e professori: lì, l'ambiente era raggelante. Mi guardavano di traverso: avevo perso la guerra, avevo bombardato la stazione di Dijon. E mi permettevo di indossare una pelliccia (finta, magari). Chi mi credevo di essere?

Quell'anno, una ragazza italiana aveva ucciso il generale comandante delle forze alleate, a Trieste. In Italia la cosa suscitò un'eco enorme. Vista da Digione, non era che una conferma delle mie colpe. Quando attorno alla magra mensa si discuteva di questo o di altri fatti e io cercavo di dire una parola, c'era subito qualcuno pronto a dirmi: «Lei, proprio lei, dovrebbe stare zitta».

Veniva a pranzare, in quella pensione, una ragazza dolce e bruttina. Con la guerra aveva perso l'uso di un braccio. Era sorridente e schiva. Un giorno la padrona mi dice costernata: «Sai cos'è successo alla povera Annemarie?». «Oh Dio, cosa?» «Si è fidanzata.» «Ah, bene.» «Aspetta! Si è fidanzata... con... un... Tedesco!» Questa era l'atmosfera, questo era il comune sentire a Dijon, nel dopoguerra.

Alla fine del triennio, me ne tornavo a casa. Ma le peripezie in Francia non erano finite. Sul punto di varcare la frontiera con la Svizzera, fui fermata. Avevo nella borsa tutti i guadagni dell'ultimo anno. Molto, per me. Troppo, per la guardia di finanza. Fui fatta scendere dal treno, portata in commissariato. Spogliata e perquisita. Dalla rabbia scaraventai le scarpe una di qua e una di là. La guardia chiese gelidamente se volevo prendermi una condanna per oltraggio e resistenza, oltre a quella, pacifica, per contrabbando di valuta. Ebbi un paio d'ore per meditare, mentre il mio treno se ne andava verso l'Italia. Infine fui ammessa alla presenza di un funzionario. Dissi subito che era colpa mia, solo mia, che ignoravo la legge ma che naturalmente nessuno è autorizzato a ignorarla e che avevo agito per la fretta, per l'impazienza di tornare a casa dove i miei mi attendevano. Mi guardò a lungo. Disse che aveva una figlia studentessa a Firenze. Aggiunse che anche sua figlia era matta, ma non quanto me, che me ne andavo attraversando due frontiere «avec une petite fortune» nella borsetta. Tacque ancora. Poi mi offrì un caffè, svizzero. Era migliore del loro, disse. E i miei soldi? E i miei guadagni? Sorbì il caffè, parlando di Firenze e degli esami di sua figlia. Io stavo sulle spine e lui forse si divertiva. Alla fine disse che - beh - mi avrebbe fatto restituire il denaro sequestrato. Non tutto. Lo stato francese tratteneva, giustamente, il dieci per cento. E finalmente salii su un treno per l'Italia. Mi si offriva un'alternativa per il futuro: l'università di Uppsala in Svezia, o quella di Napoli. Mentre ci pensavo su, cambiai idea e carriera. Mi sposai.

Vola il tempo, scivola via silenziosamente. Mi sembra impossibile che siano passati tanti anni, che sia passata un'intera esistenza. Ma è così e non c'è altro da aggiungere. I bilanci sono stati fatti, ora il viaggio è alla fine. Devo dire che, con i suoi alti e bassi, la vita mi ha dato molto: una famiglia, un marito, dei figli. Se guardo indietro, se col pensiero torno ai miei primi anni, trovo l'immagine dei miei genitori. Da loro non ho avuto soldi, né case, né gioielli. Ho avuto molto, molto di più: l'amore e la gioia per la vita. Ora questa gioia, quest'amore vorrei riuscire a trasmetterli a voi, figli e nipoti miei carissimi.

www.ingramcontent.com/pod-product-compliance
Lightning Source LLC
Chambersburg PA
CBHW051441280526
45785CB00003B/1378